板書で見る 算数

全単元・全時間の授業のすべて

小学校 2年 上

田中博史 監修
山本良和 著
筑波大学附属小学校算数部 企画・編集

東洋館出版社

算数好きを増やしたいと願う教師のために

―プロの授業人集団の叡智を結集した『板書で見る全単元・全時間の授業のすべて』―

本書は『板書で見る全単元・全時間の授業のすべて』のシリーズの第３期になります。

このシリーズは読者の先生方の厚い支持をいただき累計100万部となる，教育書としてはベストセラーと言えるシリーズとなりました。読者の皆様にあらためて感謝申し上げます。その後，本シリーズのヒットをきっかけに類似の本がたくさん世に出版されましたが，この算数の板書の本は今のブームの先駆けとなった文字通り元祖と言える書だと自負しています。

板書という言葉は，教育の世界特有の言葉です。文字通り授業で教師が黒板に書くという行為をさしているのですが，日本の初等教育においては，一枚の板書に45分の授業展開を構造的におさめることで，児童の理解を助けることを意識して行っています。

小学校の先生の間では当たり前になっているこの板書の技術が，実は諸外国の授業においては当たり前ではありません。いや日本においても中等教育以上ではやや価値観が異なる方も見かけます。内容が多いので仕方がないことも理解していますが，黒板に入りきらなくなったら前半の内容を簡単に消してしまったり，思いついたことをそのままただ空いているところに書き加えていったり……。

これでは，少し目を離しただけでついていけなくなる子どもが出てきてしまいます。子どもの発達段階を考えると小学校では，意識的な板書の計画の役割は大きいと考えます。

また教師にとっても，45分の展開を板書を用いて計画をたて準備することは，具体的なイメージがわきやすいためよい方法だと考えます。昔から達人と言われる諸先輩方はみんな取り入れていました。その代表が故坪田耕三先生（前青山学院大学，元筑波大学附属小学校副校長）だったと思います。坪田氏の板書は芸術的でさえありました。その後，若い先生たちはこぞって坪田先生の板書を真似し，子どもの言葉を吹き出しを用いて書きこんだり，中心課題をあえて黒板の真ん中に書くなどの方法も取り入れられていきました。

単なる知識や技能の習得のための板書だけではなく，新学習指導要領の視点として強調されている数学的な見方・考え方の育成の視点から板書をつくることも意識していくことが大切です。すると活動の中でのめあての変化や，それに対する見方・考え方の変化，さらには友達との考え方の比較なども行いやすいように板書していくことも心掛けることが必要になります。子どもたちの理解を助ける板書の文化は，本来は中等教育以上でも，さらには今後は，諸外国においても大切にしていくことが求められるようになると考えます。本書がそうした広がりにも一翼を担うことができれば素晴らしいと考えます。

本シリーズの第一作目は，この板書を明日の授業設計にも役立てようという趣旨で2003年に東洋館出版社から発刊されました。事の始まりは田中博史と柳瀬泰（玉川大学，元東京都算数教育研究会会長），髙橋昭彦（米国デュポール大学，元東京学芸大学附属世田谷小学校）の三人で1996年に始めたビジュアル授業プランのデータベース化計画に遡ります。当時から日本の板書の文化，技術を授業づくりの大切な要素として考え，これを用いた「明日の授業づくりの計画」に役立てていくことを考えていたわけです。互いの板書を共有化すること，それを文字や表組という分かりにくい指導案の形式ではなく，ビジュアルな板書という形式で保存をしていくことを考えたのです。残念ながら当時は一部分のみで完成にはいたりませんでしたが，時を経て，2003年の東洋館出版社の本シリーズの第一作目では１年から６年までの算数の全単元，全時間のすべてを全国の力のある実践家にお願いしておさめることに成功しました。全単元，全時間のすべてを板書を軸にしておさめることに取り組んだ書籍は，当時は他になかったと記憶しています。

今回のシリーズも執筆者集団には，文字通り算数授業の達人と言われる面々を揃えました。子どもの姿を通して検証された本物の実践がここに結集されていると思います。

特に，上巻では筑波大学附属小学校の算数部の面々が単著として担当した書もあります。２年は山本良和氏，３年は夏坂哲志氏，４年は大野桂氏，５年は盛山隆雄氏が一冊すべてを執筆しました。さらに６年は関西算数教育界の第一人者である尾﨑正彦氏（関西大学初等部）が書き上げています。他に類を見ない質の高さが実現できました。

１年は，下巻で予定している共著の見本となることを意識し，筑波大学附属小学校の中田寿幸氏，森本隆史氏，さらに永田美奈子氏（雙葉小学校），小松信哉氏（福島大学）に分担執筆をしていただきました。総合企画監修は田中がさせていただいております。

本シリーズの下巻は，この上巻の１年の書のように全国算数授業研究会や各地域の研究団体で活躍している，力のある授業人の叡智を結集したシリーズとなっています。

さらに今回は，各巻には具体的な授業のイメージをより実感できるように，実際の授業シーンを板書に焦点を当て編集した授業映像 DVD も付け加えました。

明日の算数授業で，算数好きを増やすことに必ず役立つシリーズとなったと自負しています。

最後になりましたが，本シリーズの企画の段階から東洋館出版社の畑中潤氏，石川夏樹氏には大変お世話になりました。この場を借りて厚くお礼を申し上げる次第です。

令和２年２月

板書シリーズ算数　総合企画監修

「授業・人」塾　代表　**田中　博史**

前筑波大学附属小学校副校長・前全国算数授業研究会会長

板書で見る
全単元・全時間の授業のすべて
算数 2年上

目　次

板書で見る全単元・全時間の授業のすべて

算数 小学校２年上

目次

3　ひき算　13時間

4　長さ　8時間

本書活用のポイント

本書は読者の先生方が，日々の授業を行うときに，そのまま開いて教卓の上に置いて使えるようにと考えて作成されたものです。１年間の算数授業の全単元・全時間の授業について，板書のイメージを中心に，展開例などを見開きで構成しています。各項目における活用のポイントは次のとおりです。

題　名

本時で行う内容を分かりやすく紹介しています。

目　標

本時の目標を端的に記述しています。

本時の板書例

45分の授業の流れが一目で分かるように構成されています。単なる知識や技能の習得のためだけではなく，数学的な見方・考え方の育成の視点からつくられており，活動の中でのめあての変化や，それに対する見方・考え方の変化，さらには友達との考え方の比較なども書かれています。

また，吹き出しは本時の数学的な見方・考え方につながる子どもの言葉となっており，これをもとに授業を展開していくと効果的です。

授業の流れ

授業をどのように展開していくのかを，４～５コマに分けて紹介しています。

学習活動のステップとなるメインの吹き出しは，子どもが主体的になったり，数学的な見方・考え方を引き出すための発問，または子どもの言葉となっており，その下に各留意点や手立てを記述しています。

青字のところは，授業をうまく展開するためのポイントとなっています。予想される子どもの発言例は，イラストにして掲載しています。

本時案　授業DVD

おはじきは全部で何個あるのかな？　11/11

本時の目標

・３口のたし算場面を通して，たし算の交換法則と結合法則が成り立つことや，式の中に（　）を用いる意味を理解することができる。

授業の流れ

1

問題場面を提示し，おはじきの個数を書いた３つのカード（30，5，15）を見せる。子どもは，たし算の場面だと判断し，個数を求める式を書く。そしておはじきの数は，２つの式でも１つの式でも求められること，足す順番が変わっても答えは同じだということを確かめる。

何色のおはじきの数から足してもよいので，たし算の交換法則が成り立つ意味が理解しやすい。

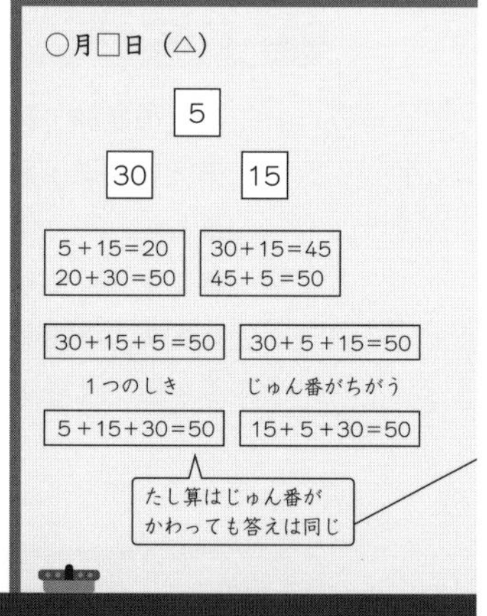

2

たし算は順番が変わっても答えは同じだから…

もう１組のおはじきの数（36，□，19）を示す。ところが，１つの色のおはじきの数は決まっていない。後で数を決めることを伝え，１つの式に表すことにする。

3

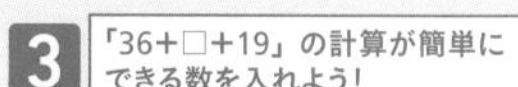

「36+□+19」の□の中に，この数だったら簡単に計算できると思う数を書き入れさせると，上のような数を入れている。

おはじきは全部で何個あるのかな？
048

実際の板書

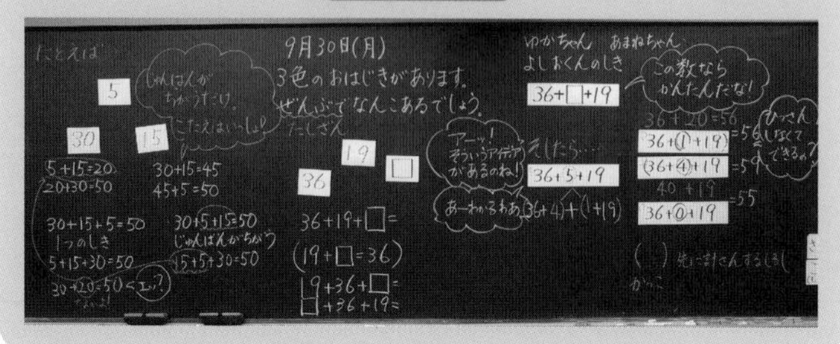

9月30日(月)
3色のおはじきがあります。
ぜんぶでなんこあるでしょう。
36+□+19
この数ならかんたんだな!

本時の評価

・たし算の交換法則が成り立つことを理解することができたか。
・たし算の結合法則が成り立つこと及び（　）を用いて式を表す意味を理解することができたか。

準備物

・おはじきの数を書いたカード

1 表とグラフ
2 たし算
3 ひき算
4 長さ
5 1000までの数
6 かさくらべ
7 時こくと時間
8 三角形と四角形

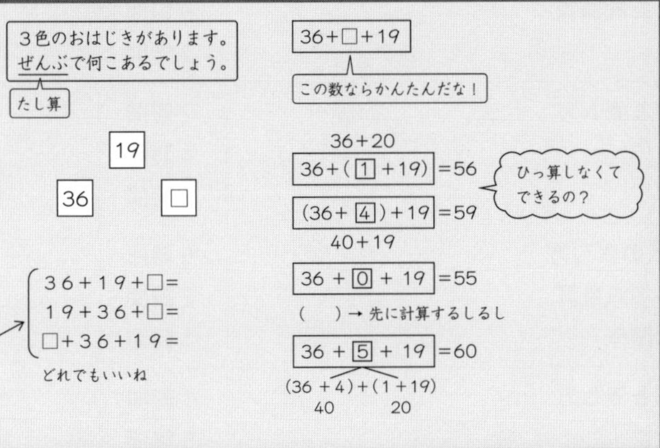

３色のおはじきがあります。ぜんぶで何こあるでしょう。
たし算
19
36
□
36＋19＋□＝
19＋36＋□＝
□＋36＋19＝
どれでもいいね
36＋□＋19
この数ならかんたんだな！
36＋20
36＋(1＋19)＝56
ひっ算しなくてできるの？
(36＋4)＋19＝59
40＋19
36＋0＋19＝55
（　）→先に計算するしるし
36＋5＋19＝60
(36＋4)＋(1＋19)
40　20

4 どうしてその数にしたのかな？

友達が□の中に入れた数の意味を考える。

「1」は「1＋19＝20」になるから簡単だと言う。また，「4」の場合は，「36＋4＝40」になるから簡単で，どちらも足すと一の位が0になる数にしていることが分かってくる。さらに「5」の場合は，これを4と1に分けて，「36＋4＝40」と「1＋19＝20」にしていることも理解される。

まとめ

たし算は足す順番を変えても答えは変わらないこと，そして，3口のたし算の場合に右側から先に計算しても左側から計算しても答えは変わらないことを確かめる。また，3口のたし算で先に計算することを表す記号に（　）があることを教える。

36＋（1＋19）＝56
(36＋4）＋19＝59
36＋5＋19＝(36＋4)＋(1＋19)＝60

第11時
049

評　価

本時の評価について2～3項目に分けて記述しています。

準備物

本時で必要な教具及び掲示物等を記載しています。

まとめ

本時の学習内容で大切なところを解説しています。授業の終末，あるいはその途中で子どもから引き出したい考えとなります。

特典 DVD

具体的な授業のイメージをより実感できるように，実際の授業を収録したDVD（1時間分）がついています(本書は左の事例)。

単元冒頭頁

各単元の冒頭には，「単元の目標」「評価規準」「指導計画」を記載した頁があります。右側の頁には，単元の「基礎・基本」と育てたい「数学的な見方・考え方」についての解説を掲載。さらには，取り入れたい「数学的活動」についても触れています。

本書の単元配列／２年上

単元（時間）	指導内容	時間
1　表とグラフ　(3)	第１次　身の回りの事象を表とグラフに表し，考察する	3時間
2　たし算　(11)	第１次　２位数の加法の計算の仕方と筆算	4時間
	第２次　繰り上がりのある筆算	6時間
	第３次　加法の計算のきまり	1時間
3　ひき算　(13)	第１次　２位数の減法の計算の仕方と筆算	2時間
	第２次　繰り下がりのある筆算	9時間
	第３次　計算の工夫	2時間
4　長さ　(8)	第１次　長さの比べ方と表し方	2時間
	第２次　長さの普遍単位	4時間
	第３次　長さの計算	2時間
5　1000までの数　(9)	第１次　1000までの数の表し方	6時間
	第２次　何十，何百の加減計算	2時間
	第３次　式と数の相等関係	1時間
6　かさくらべ　(8)	第１次　かさの比べ方と表し方	1時間
	第２次　かさの普遍単位	5時間
	第３次　かさの計算	2時間
7　時こくと時間　(4)	第１次　時刻と時間の違いについての理解	1時間
	第２次　日，時，分の関係の理解	2時間
	第３次　時間と時刻の関係の定着	1時間
8　三角形と四角形　(9)	第１次　直線	1時間
	第２次　三角形と四角形	4時間
	第３次　直角のある図形	4時間

I

第 2 学年の授業づくりのポイント

第２学年の授業づくりのポイント

1 本書における数学的活動の捉え

学習指導要領には，数学的活動に関する次のような記述がある。

ア　日常の事象を数理的に捉え問題を見いだして解決し，解決過程を振り返り，結果や方法を改善したり，日常生活等に生かしたりする活動
イ　算数の学習場面から算数の問題を見いだして解決し，解決過程を振り返り統合的・発展的に考察する活動
ウ　問題解決の過程や結果を，目的に応じて図や式などを用いて数学的に表現し伝え合う活動

これを見ると，数学的活動では日常の事象や算数の学習場面から子どもが問題を見出すことが重視されていることが分かる。それは，目的意識をもって主体的に学習に取り組む子どもの姿を意味する。また，問題解決の過程では，数学的な表現を用いた対話が重視されている。そして，問題解決の過程を子ども自身が振り返ることによって，日常生活に生かすことができる基礎的・基本的な知識及び技能を着実に身に付けること，あるいは数学的な思考力，判断力，表現力等を高めていくことが目指されている。つまり，このような数学的活動を具体化できれば，子どもは算数を学ぶ楽しさを実感し，新たな問題を発見，追求していく態度を身に付けることができると考えられているわけである。

数学的活動は，子ども自身が問題を発見し，問題を変容させていく過程である。だから，教師が子どもに強制的にやらせるものではないし，決して強制できないものである。なぜなら，仮に子どもに強制しようとしたとすると，その時点で「やらされる」学習となり，数学的活動ではなくなってしまう。子どもによる問題発見は，まわりからさせられるのではなく自ずとしているもの，あるいは子ども自らがしたくなるものであり，その問題は１時間の授業の中で１つに固定されているわけではなく連続的に変容していくものである。本書では，そんな数学的活動の具体を板書とともに紹介した。

ただし，第２学年の子どもが何の働きかけもせずに問題を発見したり，変容させたりするわけがない。第２学年の子どもに数学的活動を実現するためには教師の働きかけが欠かせない。本書では以下に示す５つの「授業づくりの考え」を基本として，数学的活動を具体化している。

2 数学的活動を実現するための基本（授業づくりの考え）

(1)「解決できない」問題場面を「解決できる」問題場面へと子ども自身が変えていく授業

「三角形と四角形」の授業である。第２時では，動物を直線で囲む問題場面を設定しているが，用意されたワークシートに示された杭（点）を直線でつなぐと動物がはみ出てしまい囲むことができない。そのままでは「解決できない」問題場面と出合った子どもは，「どうすれば直線で囲めるかな？」という問題意識を自分事として抱く。そして，この問題を解決するために，「点の数を増やす」という考えや「点の位置を動かす」という考えを表出する。

そこで第３時では，第２時に生まれた問題意識を生かし，実際に確かめてみる。

まず，点を増やす考えに取り組み始めると，子どもの中に「どこに点をかけばいいかな？」という新たな問題意識が芽生えてくる。そして，「ここに点があれば囲めそう」と思う場所を決めて点を書かせ，実際に直線をかいて確かめていく。

次に，点の位置を動かす考えに取り組む。子どもは「どこに点を動かせばいいのかな？」という問

題意識を抱くとともに，「何個の点を使えば囲めるか？」ということも問題となる。結果的に２個の点では囲めないことが確認され，３個の点であれば確実に囲めることが確かめられる。

　このように，「解決できない」問題場面を「解決できる」ように変容させていく過程が，数学的活動の具体となっていく。

板書「三角形と四角形」第３時

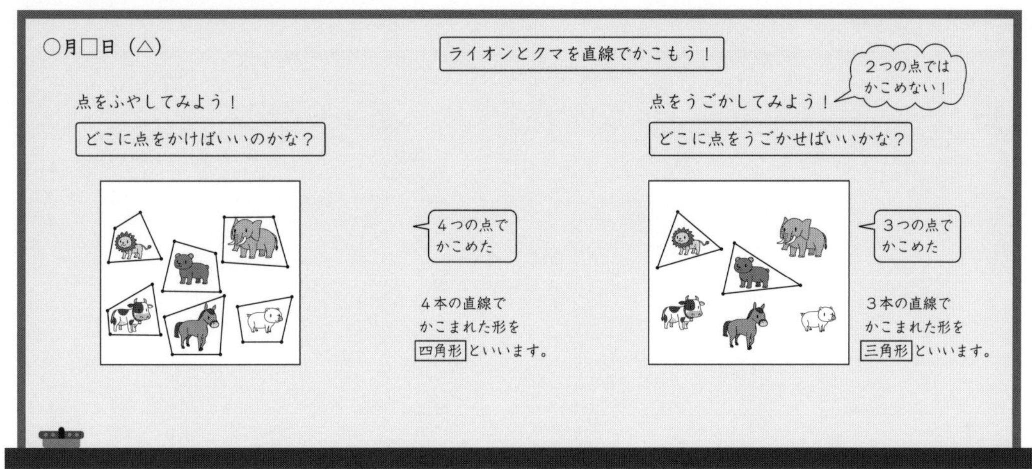

⑵まず分かる場面から取り組み，情報を整理していく中で，子どもが新たな見方を意識する授業

板書「ひき算」第３時

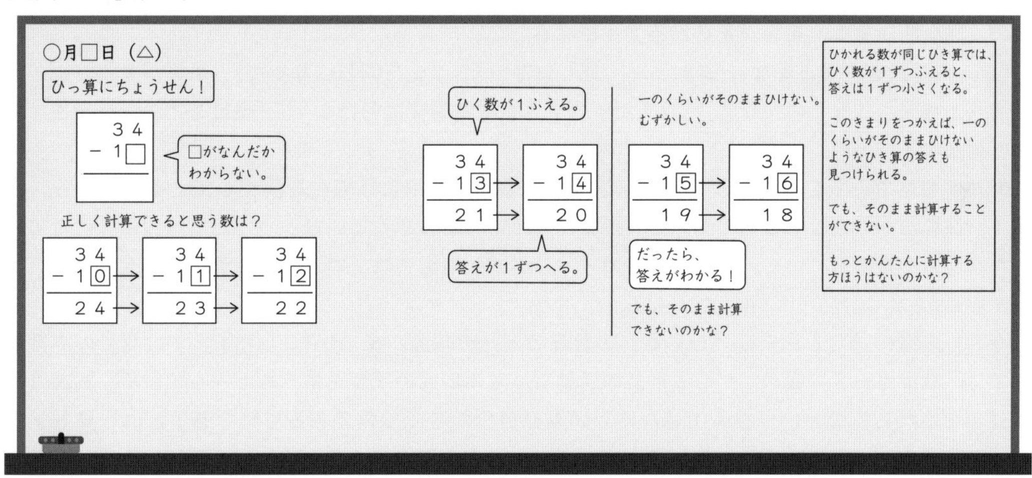

「ひき算」の第３時の授業である。「34－１□」の筆算を提示して授業を始めるが，減数の一の位が□だから誰も答えを求めることができない。これも「解決できない」問題場面となっている。

　そこで，「この数なら簡単に計算できる」と思う数を，子どもが決めることにする。「何の数にしようかな？」。子どもにとっての最初の問題意識である。そして多くの子どもは「０」「１」「２」「３」「４」を入れる。それぞれの数を筆算の□に当てはめて計算させると，「34－10＝24」「34－11＝23」「34－12＝22」「34－13＝21」「34－14＝20」となる。ここまで計算すると，「面白いことがある！」と子どもたちが言い始める。計算ができそうだと考えた数を入れて順に答えを確かめていく中で，ひき算の筆算に対する子どもの問題意識が変容していく。

そして，「だったら，引く数が15でも16でも答えが分かる」という新たな見方が自覚され，別の数を当てはめた場合を自分から計算し始める。

⑶「ゲーム」形式の活動を通して，子どもが問題意識を変容させていき，数学的に価値のある新たな見方を見出す授業

板書「たし算」第６時

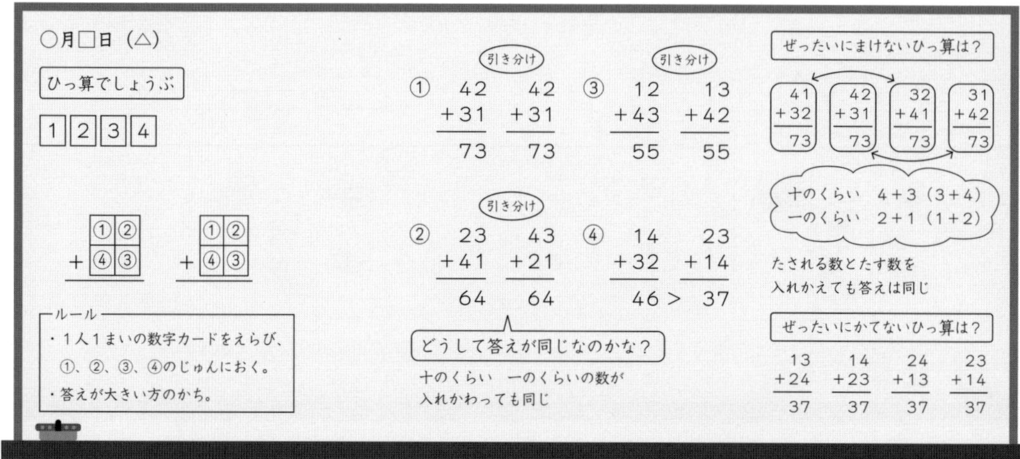

「たし算」の第６時の授業である。ゲーム形式で，1，2，3，4の数字カードを当てはめて完成させた「２位数＋２位数」のたし算の答えの大小を比べる。ゲームが進むにつれ，子どもの中に次のような問題意識の変容が見られるようになる。

「どっちが大きくなるかな」「あれっ？　同じになった」「また同じになった」「筆算が違うのにどうして答えが同じになるのかな？」「答えが一番大きくなる筆算は何かな？」「逆に答えが一番小さな筆算は何かな？」……。

あえて数字カードを４枚に絞り，同じ答えになる筆算に出合う機会を演出しているのである。そして，交換法則や各位の数値の関係等，授業開始時には意識されていなかったたし算の筆算に対する新たな見方を獲得していく。また，数字カードの範囲が制限されているからこそ，子どもは範囲を広げた場合について発展的に考えたくなる。

なお，本書の「たし算」や「ひき算」の計算の習熟の場面，あるいは「1000までの数」の学習場面では，数字カードを使ったゲーム形式の活動やパズル形式の問題を多く取り扱っている。問題は教師に与えられるものという捉えではなく，問題は自分たちで操作できるものであるという見方を養い，数値を自ら変えていく中で教材に対する新たな見方を獲得できるように配慮してのことである。

また，計算技能の習熟というとドリル等の問題をひたすら練習するというイメージを抱いている方が少なくないが，本書ではそんな習熟の仕方ではない授業を示した。たとえ計算技能の習熟場面であっても，計算に対する子どもの新たな問題意識を引き出し，子どもの方から主体的に計算に取り組むようにしたい。そして，教材の条件を変えた場合へと子ども自らが発展的に考えていき，計算に対する新たな見方を獲得するような学びを実現していきたいものである。

⑷「ゲーム」形式の活動の中で体験する具体的な操作を通して，実感が伴う問題意識を子どもが抱いていく授業

「時こくと時間」の第３時の授業である。時間は目に見えない量であり，子どもにとっては時間の

単位の関係や量感が認識しにくいものである。そこで，「時間取りじゃんけん」というパターンブロックを用いたゲーム活動を設定している。

板書「時こくと時間」第３時

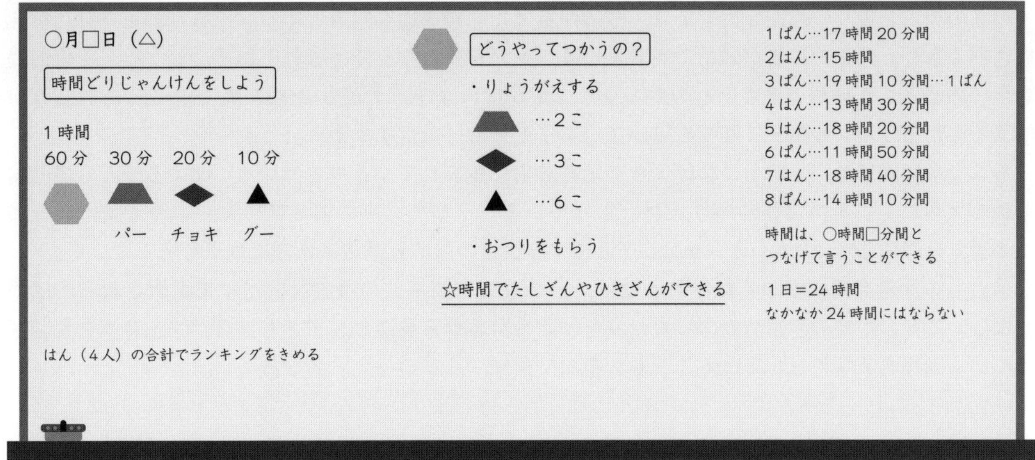

まず，黄色のパターンブロック（正六角形）を１時間（60分）とする。すると，赤色のパターンブロック（台形）は30分，青色（ひし形）は20分，緑色（正三角形）は10分となる。それぞれのブロックの形（大きさ）と時間が対応する上，ブロックを組み合わせてできる正六角形は１時間を表すので，視覚的に「１時間＝60分」の関係を捉えることができる。じゃんけんゲームの結果として得られたパターンブロックが表す合計時間を考えていく中で，子どもは何度も「１時間＝60分」の関係を体験する。また，「１日＝24時間」の関係は，正六角形のパターンブロック24個分で表される。子どもは，手を使って正六角形をつくる操作を繰り返していく中で，量として１日という時間を認識していく。

このようにゲームの中で具体的操作を何度も繰り返していくと，子どもは具体的な量として時間を捉えた上で問題意識を抱くようになる。結果的に，時間の単位の関係を記憶するだけの学習とは全く異なる学びが子どもの中に成立していく。

⑸子ども自身が単元内の学習活動のつながりを意識し，自分の問題意識を変容させていく授業

板書「長さ」第７時

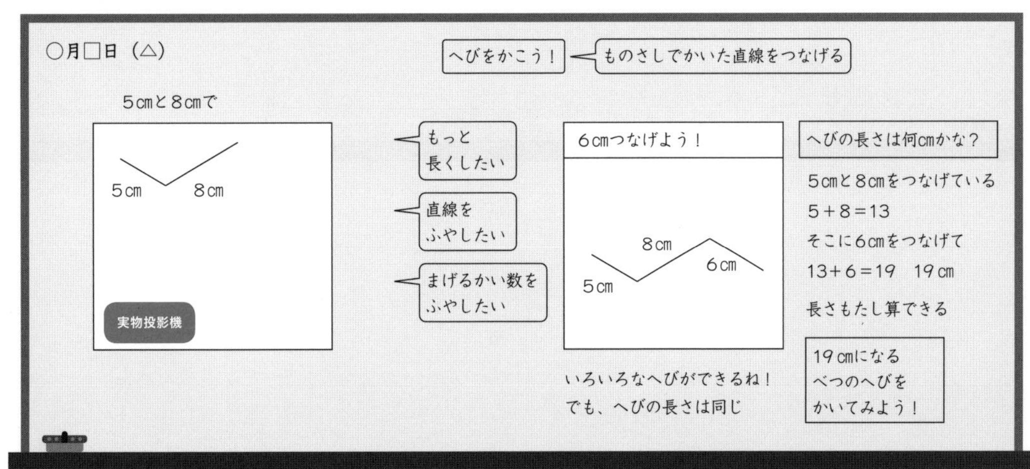

「長さ」の第７時の授業である。物差しを使って指定された長さの直線をかき，それを２本，３本とつなげる活動を設定している。この授業は，前時に学習した物差しを使って直線をかく作図方法の活用場面であるとともに，自分の手で直線をつなげてかきながら長さに加法が適用できることを実感的に理解できるようにしているのである。

長さの加法を扱う一般的な授業では，教師が与えた問題場面を対象とする。それは固定された特殊な世界であり，長さに加法が適用できるということが前提となって示されている。しかし，その前提を全ての子どもが理解できているのかどうかは定かではない。子どもの中には，「長さにもたし算が使えるのだろうか」と素朴に疑問を抱いている子どももいるはずである。

そこで本実践では，直線をつなげてかく活動の中で生まれてくる長さの加法に関する子どもの問題意識を大事にし，それに寄り添う流れとなっている。そして，次の第８時では，本時で獲得した加法の見方を適用して，「cm」と「mm」が混在する長さの加法と減法の仕方に焦点を当てていく。

子どもの問題発見に基づく数学的活動は，いつも１時間単位の授業設計だけで実現されるとは限らない。単元の中での学習活動のつながりを子ども目線から見直し，子ども自身が問題意識を変容させていく過程をデザインしていくことも大事な「授業づくりの考え」となる。

3 数学的活動の具体としての付録 DVD

本書の付録となっている授業 DVD は，たし算の第11時の授業である。ここでは３口の加法の交換法則及び結合法則を扱った「計算の工夫」となっている。教師が与える問題場面と子どもから生まれる問題意識の違いと，それらの関係が読み取っていただけると思う。また，子どもから生まれる問題意識が１時間の中で変容するということの具体も観ていただけるだろう。

数学的活動を実現していく過程の具体例として参考にしていただければ幸いである。

板書「たし算」第11時

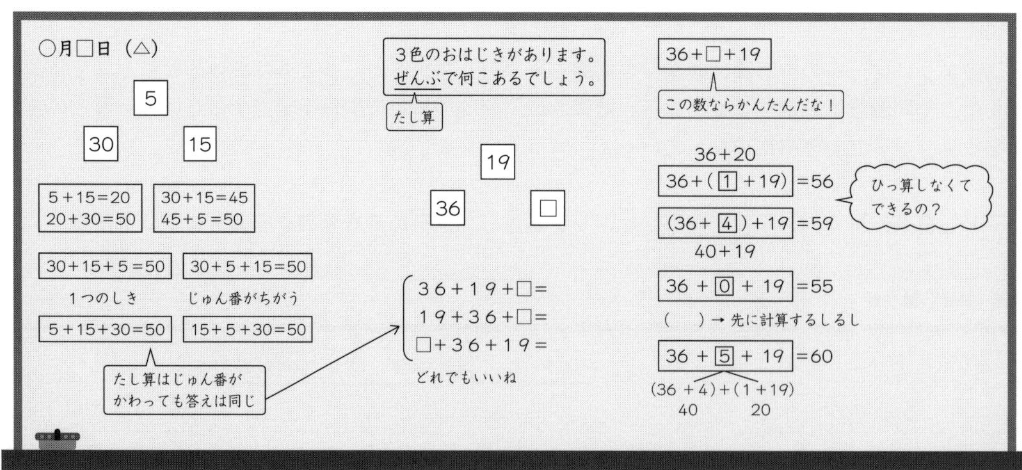

II

第 2 学年の算数
全単元・全時間の板書

表とグラフ （3時間扱い）

単元の目標

・身の回りにある数量に着目し，項目を立てて分類整理し，簡単な表やグラフを用いて表したり読み取ったりすることができる。
・身の回りの事象から抽出，整理したデータを，それを整理する際に目を向けた観点に着目し，表やグラフを用いて考察することができる。

評価規準

知識・技能	○身の回りにある簡単な事柄を分類整理して表やグラフに表す方法を理解する。 ○身の回りにある簡単な事柄を分類整理して表やグラフに表すことができる。 ○身の回りにある簡単な事柄を分類整理して表した表やグラフを読み取ることができる。
思考・判断・表現	○データを分析する観点を定め，その観点に沿って分類整理し，簡単な表やグラフに表してデータの特徴を読み取り，事象について考察する。
主体的に学習に取り組む態度	○表やグラフに表すよさに気付き，日常生活場面の事象を表やグラフに表して，自分の生活について考察する。

指導計画 全３時間

次	時	主な学習活動
第１次 身の回りの事象を表とグラフに表し，考察する	1	自己紹介カードをもとにクラスの友達の誕生月を調べる中で，グラフと表という表現方法を知る。
	2	クラスの友達の好きな食べ物を分類整理し，○印を使ったグラフと表に表し，それぞれのよさについて考える。
	3	クラスの友達の好きな遊びを分類整理して表した表やグラフをもとに，クラスの友達の遊びの傾向について話し合う。

単元の基礎・基本と見方・考え方

第１学年では，身の回りの事象のデータの個数に着目し，その数を簡単な絵や図を用いて表したり読み取ったりして事象の特徴を捉える学習を体験した。第２学年では，第１学年での体験を踏まえて身の回りの事象を考察することに対する関心を高め，簡単な表やグラフに分類整理して表現する方法の獲得及びそれらをもとにした特徴の考察ができるようになることをねらう。

⑴分類整理して数える

データを整理する観点に着目し，身の回りの事象について表やグラフを用いて考察するためには，データを分析する観点を定め，その観点に沿って分類整理することが前提となる。言い換えれば，データを種類ごとに分けて，それぞれの種類のデータの数を数えて数量化することが，考察の第一歩となる。この数量化によって，事象の特徴が分かりやすくなるということを体験することが大事になる。

⑵表やグラフに表す

同じ種類のものの数量化は，多くの場合，数えるという方法でなされていく。そして，それぞれの種類の要素の数を数字で表すと表ができる。しかし，例えばカードを種類ごとに分けて数を比べる場面では，カードの数を数えなくても種類ごとにカードを分けて端をそろえて一直線に並べると，その長短で数量の大小を表現できる。これは，棒グラフの発想の源である。

いずれにしても，これらを一方的に教師が教えて使わせるのではなく，分かりやすく整理したいという子どもの思いを大事にしたい。そのためには，子どもの生活場面の中に存在する具体的な事象を対象とし，子どもたちが自分自身で分類整理する活動を保障することが必要となる。

⑶表やグラフを自分でつくる

本単元は，子どもの「自己紹介カード」をもとに分類整理していく指導計画としている。そして，第１時では誕生月，第２時では好きな給食，第３時では好きな遊び，とそれぞれの時間のテーマに応じて子どもがグラフや表をつくる活動を設定した。

「データの活用」の授業を子どもたちに自分たち自身のことを振り返る場として位置付けた場合，彼らの問題意識に基づいて自分たちのデータを分析していく過程自体が大事になる。もし，自分たちで分類整理する以前から既に整理された表やグラフが存在するならば，学習活動の展開自体が矛盾することになってしまう。だからこそ，具体的な問題意識に基づいた分類整理の仕方や表現方法を子どもに検討させ，実際に表やグラフを何度も作成していく中で統計的な表現方法のよさを味わわせていくのである。

結果的に，このように実感的に体験した表やグラフを用いるよさは，第３学年で学習する簡単な二次元表や棒グラフを用いた考察の素地として有効に機能する。

本時案

自己紹介をしよう！

本時の目標

・カードを使って何月生まれが多いのか確かめる中で，端をそろえてカードを並べると多少が分かりやすいことに気付くとともに，記録を整理する場合に，表やグラフという方法があることを知る。

授業の流れ

1 自己紹介をしよう！

クラスの友達に自己紹介をすることにし，一人ひとりに自己紹介カードを書かせる。

カードには，①生まれた月②好きな給食③好きな遊びの３つを書かせ，３つの観点で整理して調べてみたくなるようにする。

「何月生まれが多いのかな？」と板書し，書かれた自己紹介カードを黒板に貼らせるようにする。このとき，貼る途中の過程で次のような子どもの動きを価値づけ，その理由を共有させる。

- 誕生月ごとにカードをまとめる
- １月から順にカードを並べる
- 端をそろえてカードを並べる

○月□日（△）

じこしょうかいをしよう！

カードに書くこと

生まれた月
すきなきゅうしょく
すきなあそび

2 ○月生まれが多いね！

実際に，誕生月ごとにカードをまとめ，カードの端をそろえて１月から順に並べ，子どもたちにカードから分かることを発表させると，誕生月ごとの人数の多少が分かりやすいことを実感する。

それは，人数の多いところは高く（長く）なり，少ないところは低く（短く）なっているからであり，グラフに表すよさを感じる基礎的な体験でもある。

3 結果を書いて残しておこう！

何月生まれが多いのか分かったところで，「結果を書いて残しておこう」と投げかける。子どもにとっては何をどのように書けばよいかと戸惑う指示である。そんな子どもの戸惑いを確認し，残すべきことを検討させることで，大事なことは各月生まれの人数だということがはっきりする。残すべき情報の意識化は，データを分析する目的の意識化を意味し，第２学年から大事にしたい。

本時の評価

・端を揃えてカードを並べれば，数の多少が一目で分かるということに気付くことができたか。
・表やグラフという表現方法を知り，正しく整理することができたか。

準備物

・自己紹介カード
・誕生月調べの表とグラフの枠組み

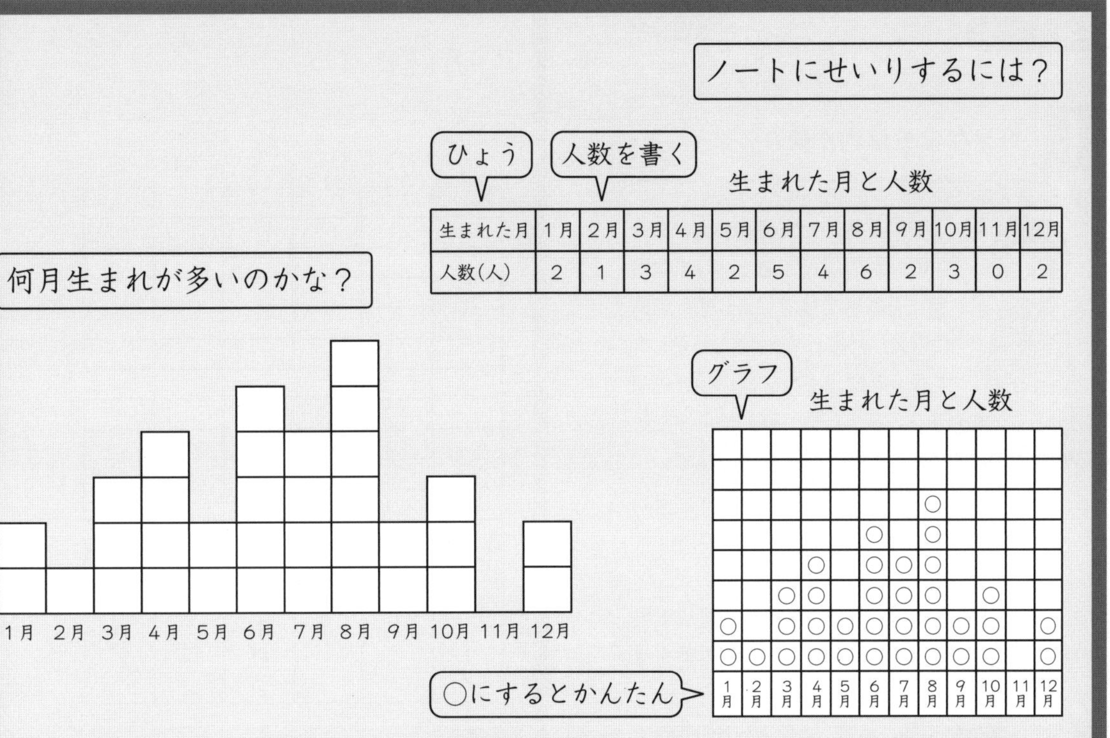

4 人数を数字で残す方法を「表」と言います

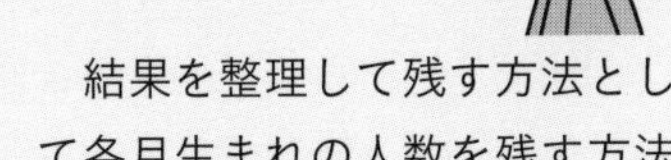

生まれた月と人数

生まれた月	1月	2月	3月	4月	5月	6月	7月	8月	9月	10月	11月	12月
人数(人)	2	1	3	4	2	5	4	6	2	3	0	2

結果を整理して残す方法として各月生まれの人数を残す方法があることを知らせ，「表」の枠組みを示す。各月の下の枠内にカードの枚数を記入させていく。全体で確認しながら一斉に記入させると全体の進行もそろう。子どもたちは，「これなら簡単に書ける」と言いながら整理していく。

5 カードの代わりに○で数を表したものを「グラフ」と言います

本時のまとめとして，グラフの枠組みを提示し，○印を枠内に書くことを教える。

クラスの子どもの誕生月は事前に把握できるので，グラフをあらかじめ用意しておく。

子どもは，表の数や黒板のカードと比べながら，○を書き込んでいく。でき上がったところで，これを「グラフ」ということを伝える。

本時案

好きな給食は何が多いのかな？

2/3

本時の目標

・クラスの好きな給食を確かめ，グラフや表に整理する中で，表やグラフに表すよさを意識することができる。

授業の流れ

1 好きな給食は何かな？

前時に書いた自己紹介カードの中の一つの項目である「好きな給食」を本時で扱う。そして，前時に学習した表とグラフという表し方を扱う中で，それぞれのよさを意識させることをねらう。そのため，最初から「結果をグラフや表に表そう」と投げかける。

ここでは，表やグラフに表すために何をすればいいのか考えさせる。カードを個人で持っていても，そのままでは表やグラフをつくることはできない。前時の学びを生かして，同じ給食のカードを集めて並べることのよさを体感させる。

そして，黒板上で同じ給食ごとにカードの端をそろえて並べさせる。

2 「グラフ」に表そう！

給食ごとにまとめて端をそろえて並べられたカードの様子をグラフに表すことから始める。本時では，ノートに子ども個々に作成させて，前時で扱ったグラフの作成の仕方を確認させる。表がないので，子どもは黒板のカードの枚数をいちいち数えることになる。

グラフは人数が分かりにくく，表は人数がすぐに分かるという特徴を実感させるために，あえてグラフから作成させている。

3 グラフから分かることは？

グラフのかき方を実物投影機で示すとともに，子どものノートにかかれたグラフも映す。そしてグラフから分かることを全体で確認する。「○○の給食が１番人気」とか，「○○は２番」という順位や，逆に選んだ人数が少ない給食が明らかになる。あえて人気の給食の人数を問うと，慌てて数える子どもが多い。人数を聞くのは「表にすればよい」という声を引き出すきっかけづくりである。

本時の評価

・グラフは，数の多少が一目で分かり，順番もはっきりするということに気付くことができたか。
・表は，グラフに比べて具体的な人数がはっきり分かるというよさがあることを意識することができたか。

準備物

・前時の自己紹介カード

すきなきゅうしょくは何が多いのかな？

グラフやひょうにあらわそう！

ひょうやグラフのよさは？

•ノートにもかんたんにかける

グラフ

人数の多い少ないがわかりやすい

カレーが1番
人気があって12人

ハンバーグは2番

やきそばやラーメン
のようなめんはあまり
人気がない

にくがすきなのかな

すきなきゅうしょくと人数

メニュー	ハンバーグ	カレー	シチュー	からあげ	やきそば	ラーメン
人数(人)	10	12	5	4	1	2

ひょう …人数がわかりやすい

4 人数を「表」で表そう!

グラフだと人数がすぐには分かりにくい。そのため，表に整理して人数をはっきりさせることにする。

ただし，今回は「表」もノートに自分でかかせることで，自分で整理する体験とする。表の枠組みのつくり方や人数を確認させるとともに，表題を書くことを指導する。

表が完成すると，子どもは人数がすぐに分かるということをよさとして実感する。

まとめ

自分自身でノートに作成したグラフと表を見比べて，改めてそれぞれのよいところを考え，整理する。

グラフ
・人数が多い少ないが見ただけで分かる。
・順位が分かりやすい。

表
・人数がはっきり分かる。
・ノートに書きやすい。

本時案

好きな遊びは何が多いのかな？

本時の目標

・クラスの好きな遊びを確かめるために表やグラフに整理する中で，整理する手順を考えたり，表やグラフは目的によって並べ替えたりすることができるということを意識することができる。

○月□日（△）

ひょうやグラフにあらわそう！

すきなあそびと人数

あそび	ドッジボール	サッカー	おにごっこ
人数	6人	5人	7人

そとでのあそびが人き

からだをうごかすのがすきな人が多いのかな？

男の子はサッカーがすきなのかな？

授業の流れ

1 好きな遊びは何かな？

前時と同様に，本時では自己紹介カードに書いた「好きな遊び」を表とグラフに整理する。最初から「結果を表やグラフに表そう」と投げかけ，既習の考え方を確認するとともに，整理する手順について検討させる。

ここでは，前時で学習した表とグラフそれぞれのよさを，人数の分かりやすさという観点から意識させ，手順を確認する。

具体的には，まず，カードを遊びの種類ごとに分けて黒板に貼る。次に，人数が分かりやすいように表に整理する。最後に，表の人数をもとにグラフを作成する。

2 「表」に整理しよう！

本時では，表を作成する前に左のような短冊カードに遊びと人数を書き，全体で人数を確認した後でノートに表を書かせる。

これは，表を書きやすくする支援であると同時に，短冊カード（遊び）を並べる順序は固定されていないということを子どもに示している。遊びの並べ方を決めるのは，子ども自身である。

3 どうしてその並べ方にしたの？

表の中の遊びの並べ方は子どもによって異なる。それらを実物投影機で示しながら，並べ方の理由を確かめていく。特に理由のない子どももいるが，なかには「人数の多い順に並べた」とか，「外の遊びと中の遊びに分けた」という子どももいる。

このような考えは，目的に応じて表を工夫してつくろうとする素地的な姿であり，大いに褒めて価値づけるようにする。

本時の評価

・表やグラフの特性をもとに，データを分析する手順を考えることができたか。
・表やグラフは，人数の多い順に並べ替えたり，屋外の遊び，屋内の遊びというように目的に応じて配置を変えたりすると見やすくなるということを意識することができたか。

準備物

・自己紹介カード
・表のもとになる短冊カード

すきなあそびは何が多いのかな？

しらべたいことによって ひょうやグラフはかわる

なわとび	キーボード	どくしょ
4人	6人	6人

きょうしつでのあそび

すきなあそびと人数

同じ人数のものがある

そんなに人数のちがいが多くない

ほかのことも しらべてみたいな！

4 グラフも工夫してつくってみよう

表の中の遊びの順序を変えて整理することは，調べたいことを分かりやすくする「工夫」だと教え，「グラフも工夫してつくってみよう」と投げかける。

今回もノートにグラフをかくので，自分の思いで遊びの順序は変えられる。人数の多い順に表した子どもは，「滑り台みたい」だと言い，外の遊びと中の遊びに分けた子どもは，「外での遊びが好きな人が多い」ことに目を向ける。

まとめ

本時で扱ったことは表やグラフの並べ方の工夫である。並べ方が違えば分かりやすさも違ってくるということを確かめる。そして，調べたいことによって，表やグラフは変わるもの，変えるものだということを確認する。

また，今回の調査の結果から，クラスのことで新たに調べてみたいテーマ（問題）についても検討する。

たし算　11時間扱い

単元の目標

・2位数及び簡単な3位数についての加法の計算が，1位数などについての基本的な計算を基にしてできることを理解し，それらの計算処理が確実にできる。また，それらの筆算の仕方や加法に関して成り立つ性質について理解する。
・加法の計算の仕方を考えたり計算に関して成り立つ性質を見出したりするとともに，加法の性質を活用して，計算を工夫したり計算の確かめをしたりすることができる。

評価規準

知識・技能	○2位数及び簡単な3位数についての加法の計算の仕方や筆算の方法を理解する。 ○加法に関して成り立つ性質を理解する。 ○2位数及び簡単な3位数についての加法の計算が確実にできる。
思考・判断・表現	○10のまとまりで位が変わる数の仕組みを用いて2位数及び簡単な3位数についての加法の計算の仕方を考える。
主体的に学習に取り組む態度	○既習の1位数の計算や数の見方をもとにして，2位数及び簡単な3位数についての加法の計算を考えようとする。

指導計画　全11時間

次	時	主な学習活動
第1次 2位数の加法の計算の仕方と筆算	1	2桁のたし算の仕方を考える。
	2	2桁のたし算の仕方をおはじきを用いて説明する。
	3	2桁のたし算の仕方を位の数字に着目して説明する。
	4	2桁のたし算の筆算（繰り上がりなし）の仕組みを理解する。
第2次 繰り上がりのある筆算	5	繰り上がりのある筆算の仕方を考える。
	6	筆算の習熟①
	7	筆算の習熟②
	8	筆算の習熟③
	9	答えが3位数になる加法の筆算の仕方を考える。
	10	答えが100になる加法の筆算の仕方を考える。
第3次 加法の計算のきまり	11	交換法則と結合法則を理解する。

単元の基礎・基本と見方・考え方

第１学年では，１位数と１位数との加法の意味や計算の仕方を考えることを指導してきた。第２学年では，２位数及び簡単な３位数の加法の計算ができるようにするとともに，それらの筆算の仕方や，加法に関して成り立つ性質について理解できるようにする。また，数量の関係に着目し，加法の計算の仕方を考えたり加法に関して成り立つ性質を見出したりすることは，第３学年で学習する３位数や４位数の加法に生かされるものであり，大事に扱う必要がある。

(1)加法の計算の仕方を説明する活動

２位数の加法の計算の仕方は，第１学年で学習した１位数と１位数との加法や十進位取り記数法の考えをもとにして説明することができる。例えば，「36＋48」の計算の仕方は，それぞれの数を十の位と一の位に分け，一の位どうしを加えた６＋８＝14と，十の位（10のまとまり）を加えた 30＋40＝70とを合わせて84と説明できる。これを単なる筆算形式の理解として説明するのではなく，このような計算の仕組みが成り立つ理由を子どもが自分なりの表現で説明できることに意味がある。そのため，加法の場面を絵に表したり，ブロックやおはじきを用いた操作によって説明したりする活動を大事にしたい。このように計算の原理を自分で説明する活動は，これから学習する減法や乗法，除法の計算の仕方について考えていく態度を養う源になるという点でも重要である。

なお，本書では，主におはじきを用いた説明活動を設定している。通常，子どもの個人持ちのおはじきの数は限られており，例えば「36＋48」をそのまま表すことができない。しかし，だからこそあえて「できない」場を設定することを通して，子ども自身から「表現できる」アイデアを引き出すように仕向けている。つまり，十進位取り記数法の考えに基づき，十の位（10のかたまり）と一の位の数を表すという発想を導き出すのである。このように各位に分けて計算すれば，２位数の計算が各位の数の計算に帰着され，１位数の加法で処理できることになる。これを形式的に数字で表したものが筆算形式となる。

(2)計算練習の問題も自分たちでつくる

加法計算の習熟というと，教師が与える計算問題やドリルやプリントによる計算練習を思い浮かべる方が多い。それに対して本書では，ゲームを通して子どもが加法の計算問題をつくって計算する，あるいは筆算形式の空欄に数字を当てはめて正しい筆算をつくる中で計算練習をしていくような習熟の授業を提案している。そうすると，子どもは自然に加法の交換法則の存在に気付き，何度も活用するようになる。計算のきまりは特設する授業の中で扱うだけではなく，実際に計算練習する中で何度も使うことによってそのよさが理解される。

(3)計算のきまりは子どもの数感覚が引き出されるもの

第２学年で扱う計算のきまりには，上記の交換法則ともう一つ結合法則がある。一般的には，具体的な場面を示してこれらの法則を確かめ，理解できるようにしていくが，本書では，子どもの数感覚を生かすという発想で授業を構成している。子どもが計算する順序や数値を決める活動を設定し，決めた内容を吟味していく中で，計算のきまりの存在を確認していく流れとなる。

本時案

全部で何本咲いているかな？

本時の目標

・２位数＋２位数のたし算（繰り上がりなし）は，10のまとまりとばら（１）に分けて足せば計算できることを理解し，説明することができる。

授業の流れ

1 □の数は何かな？

花だんに赤いチューリップが 12本，白いチューリップが 2□本さいています。チューリップはぜんぶで何本さいていますか。

問題場面を子どもと一緒に書いていく。ただし，白いチューリップの本数の一の位にはあらかじめ裏に数字を書いた□の紙を貼り，２桁の数だが一の位の数が分からない状況とする。そこで，□の中がこの数だったら簡単だと思う数を聞いてみる。いくつかの数が挙がるが，その中で一番小さな「０」の場合をまず考えてみることにする。

簡単だと思う□の数を聞くことで，場面に対する子どもの見方の実態を把握する。

○月□日（△）

花だんに赤いチューリップが 12 本、白いチューリップが 2□本さいています。チューリップはぜんぶで何本さいていますか。

□の数は何かな？

2[0]だったら

しき　12+20 になる　答えは？

？本

12 本	2□ 本

2 □の中が０だったら簡単！

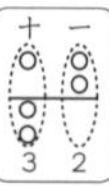

白いチューリップが20本の場合，「式は12+20になる。答えは32本」と言う子どもが多い。この計算は未習であることを告げ，「どうしてすぐに答えが分かるんだろう？」と問う。子どもは既習の十進位取り記数法の考えをもとに，十の位と一の位に分けて合わせる考えを示す。

3 □は３だから，式は…

12+23
23+12
12+23でも23+12でもいいのかな?
赤と白、どっちのチューリップから見てもいいから式はどっちでもいいと思う

本当の□の数は「３」。白いチューリップは23本である。子どもは，「だったら式が分かった」と言うので確かめていく。

本時の評価

・2位数＋2位数のたし算の計算の仕方を，おはじき操作や図を使って表現することができたか。
・2位数＋2位数のたし算は，10のまとまりとばらに分ければ計算しやすいということを理解することができたか。

準備物

・おはじき（提示用・児童用）

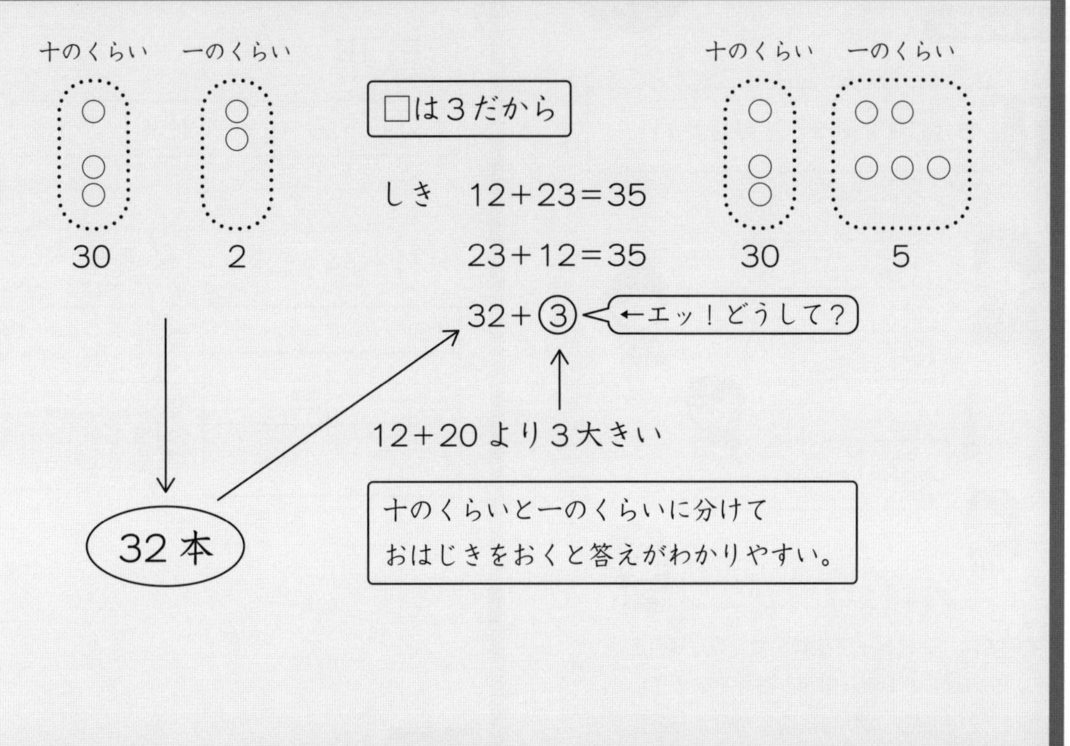

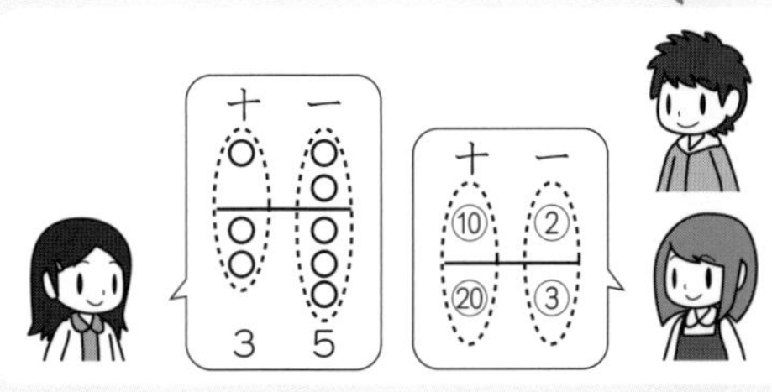

12＋23も十の位と一の位に分けて説明する。おはじきを使って十のかたまりとばらの数を表せば簡単に説明できることが意識される。

まとめ

12＋23＝35（23＋12＝35）となることを子ども一人ひとりがおはじきを使って確認する。

ここで，別のアイデアとして，「32＋3」という式を示す。式の意味を確認し，再度おはじきで答えが35であることを説明する。

32は12＋20の答え。23本は20本より3本多いから32＋3なんだね

本時案

おはじきを使って計算しよう！

2/11

本時の目標

・２位数＋２位数（繰り上がりなし）のたし算の式をおはじきで表す活動を通して，たし算の計算の仕方を理解し，説明することができる。

授業の流れ

1 おはじきを使って計算しよう！

本時では，２位数＋２位数のたし算（繰り上がりなし）をおはじきで表しながら答えを求めていく。最初は「21+34」。なかには答えが分かると言う子もいるが，本時の活動では，たし算の式も答えも両方が分かるようなおはじきの表し方を考えていく。

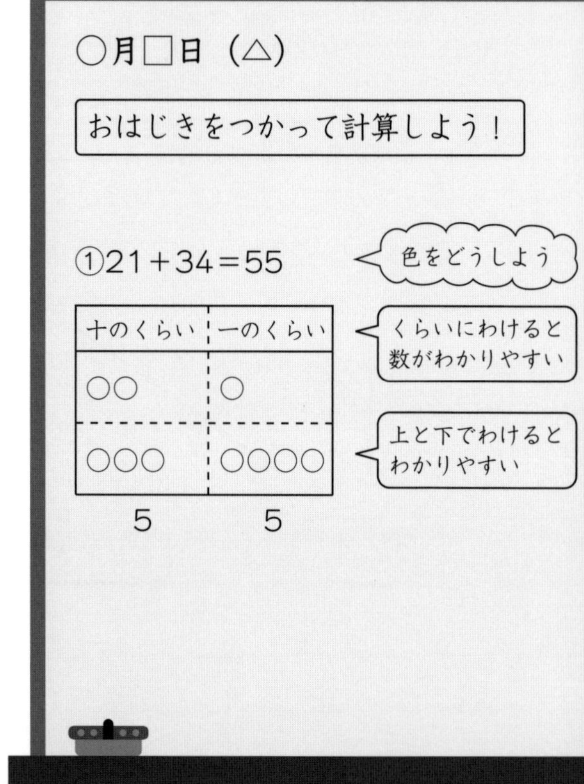

2 式も答えも分かるようにするにはどうすればいいかな？

この問題意識が生まれた段階で，改めて一人ひとりの子どもに自分なりの表し方を検討させる。しかし，前時の体験がある子どもは，おはじきを21個と34個並べようとはしない（手元にもそれだけのおはじきを持っていないのだが）。多くの子どもは，被加数と加数，十の位と一の位に分けようとする。

3 ４つの部屋に分けるといい！

＋	－
○○	○
○○○	○○○○

21＋34の21と34がそれぞれ分かるようする には，被加数と加数を分けて置く必要がある。また，10のまとまりとばらに分けると手持ちのおはじきで表すことができる。結果的に４つの部屋に分けると分かりやすいということに気付いていく。

本時の評価

・２位数＋２位数のたし算の計算の仕方を，おはじき操作や図を使って表現することができたか。
・２位数＋２位数のたし算は，被加数と加数，十の位と一の位に分けた位取り板を使うと計算の仕方が分かりやすくなることを理解することができたか。

準備物

・おはじき（提示用・児童用）

⇒

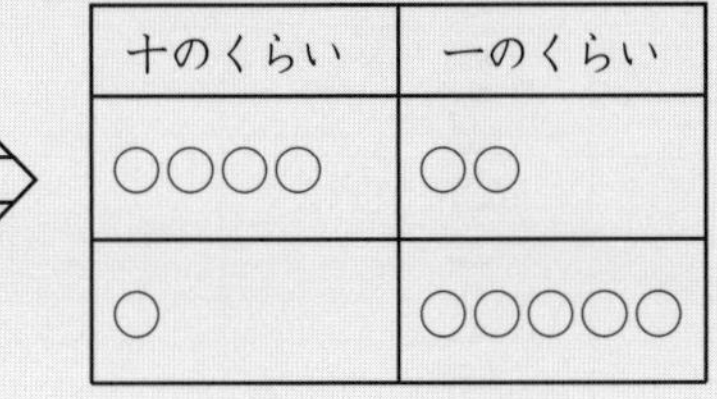

十のくらい	一のくらい
○○○○	○○
○	○○○○○
5	7

へやにわけると一色でできる

⇒

	十のくらい	一のくらい
たされる数	○○○○○ ○	○○○○
たす数	○○	○○○
	8	7

4 ４つの部屋で表してみよう！

十	一
○○○○	○○
○	○○○○○

答えは57

「42＋15」のたし算でも試す。最初にノートに４つの部屋をかき，そこにおはじきを置いていく。子どもは「簡単」「分かりやすい」「答えもすぐに分かる」と言い始める。

そして，４つの部屋を使えば，おはじきの色は関係ないことにも気付いていく。

まとめ

	十のくらい	一のくらい
たされる数	○○○○○ ○	○○○○
たす数	○○	○○○
答えは	8	7

さらに64＋23でも試してみる。一人ひとりが４つの部屋におはじきを並べたところで，改めて４つの部屋の意味を確かめる。また，子どもから「足して10より大きくなったらどうするのかな？」という問題意識が現れることにも期待する。

本時案

3/11

おはじきを使わなくても答えが分かるよ！

本時の目標

・式とおはじきによる表現を対比することによって，２位数＋２位数のたし算は，位ごとにそれぞれの数値を足せばよいことを理解し，正しく計算することができる。

○月□日（△）

おはじきをつかって計算しよう！②

① 51 ＋ 27 ＝78

十のくらい	一のくらい
○○○○○	○
○○	○○○○○ ○○
7	8

授業の流れ

1 おはじきを使って計算しよう！

「51＋27」を，おはじきを
使って計算しよう！

十	一
○○○○○	○
○○	○○○○○○○

答えは　7　8

前時の続きと位置づけて第１問を提示し，たし算の計算をおはじきで表すように促す。黒板に被加数，加数，十の位，一の位の４つの部屋をつくり，式に合うように４人の子どもにリレー形式で交代しながらおはじきを置かせていく。そして，答えが78になることをおはじきの数を数えて確かめる。

そして，「おはじきがあればたし算ができますね」と強調し，「おはじきがなかったらどうしよう？」と問う。

2 おはじきがなくても答えが分かる！

子どもは，「おはじきがなくても答えが分かる」と言う。前時のおはじき操作の体験を通して，たし算の式の数値とおはじき操作との関係が分かっている子どもたちである。だから，続けて次のようなことを言う。

十の位と一の位の数を
足せばいい

51＋27だったら，十の位は5＋2＝7
一の位は1＋7＝8，だから答えは78

3 式だけで答えを求めよう！

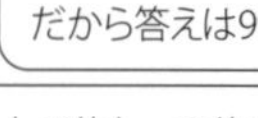
十の位は2＋7＝9，一の位は
6＋3＝9
だから答えは99

十の位と一の位に記号や色を
つけると分かりやすい

99，惜しい！あと１で100だった！

おはじきを使わずに式だけで計算することに全員で挑戦する。

本時の第２問は「26＋73」。

本時の評価

- 2 位数＋ 2 位数のたし算は十の位と一の位に分けて足せばよいことを理解することができたか。
- 2 位数＋ 2 位数の式の数値を見て，正しく計算することができたか。

おはじきをつかわなくても答えがわかるよ!?

十のくらいと一のくらいの数をたせばいい

十のくらい　5＋2＝7

一のくらい　1＋7＝8

② ②6＋⑦3 ＝99

㊉ ② ＋ ⑦ ＝9

㊀ 6 ＋ 3 ＝9

③ 14 ＋ 53 ＝67

㊉ 1 ＋ 5 ＝6

㊀ 4 ＋ 3 ＝7

④ 87 ＋ 11 ＝98

㊉ 8 ＋ 1 ＝9

㊀ 7 ＋ 1 ＝8

十のくらいと一のくらいに分けてたせば計算できるね。

でも、100より大きくなるときは？

4 式を見れば簡単に計算できる!

十の位は1＋5＝6，一の位は4＋3＝7 だから答えは67

十の位は8＋1＝9，一の位は7＋1＝8 だから答えは98

続けて第 3 問。「14＋53」。

第 4 問。「87＋11」。

「2 位数＋ 2 位数」のたし算は，式を見れば簡単に計算できることを確認する。

まとめ

おはじきを使わなくても計算できたことを認め，計算が簡単だと思う理由を問う。そして，実際にやっている計算は 1 年生のたし算と変わらないことを意識させる。

また，別の数値のたし算に対する関心も引き出すようにする。

答えが99や98になるものをあえて体験させ，答えが100になるたし算や100より大きくなるたし算の計算に対する問題意識を引き出すようにする。

本時案

たし算の筆算に挑戦！①

本時の目標

・2位数＋2位数のたし算の筆算形式を知り，繰り上がりのない計算を正しく処理することができる。

授業の流れ

1 たし算の筆算を教えます！

黒板に「23＋31」の式を書き，前時のように十の位と一の位の数値に着目させて，答えを求めさせる。

ここまで確認できたところで，教師から「新しいたし算の計算の仕方を教えます」と言って，筆算形式を書いて見せる。

```
  2 3
+ 3 1
-----
  5 4
```

十の位は
2+3=5，
一の位は
3+1=4
だから答えは54

意味が分かった。
十の位と一の位を
縦に足している
おはじきの4つの部
屋と同じ仕組みに
なっている

○月□日（△）

23＋31＝54

㊉　2＋3＝5

㊀　3＋1＝4

⇓

```
  2 3
+ 3 1
-----
  5 4
```

たし算の
ひっ算

2 答えは一の位，十の位，どっちから書けばいいの？

子どもたちにもノートに「23＋31」のたし算の筆算を書かせる。すると，子どもの中には，「答えは十の位と一の位のどっちから書けばいいの？」と疑問を抱く子どももいる。

本時の段階では，「答えは一の位から書く」と形式的に指導するのではなく，「答えは十の位，一の位どちらから書いてもよい」という立場で指導する。事実，繰り上がりがない筆算では何の問題もないからである。

3 筆算に挑戦！

他のたし算の筆算に挑戦させる。ここでは，たし算を子ども自らが筆算形式に表すことができるようになることに意味があるので，教師は式だけを示す。子どもは，ノートに式と筆算を書く。第1問は「45＋32」。

本時の評価

・「2位数＋2位数」のたし算の筆算が位ごとに分けて計算しているという仕組みになっていることを理解することができたか。
・「2位数＋2位数」のたし算を筆算の形式で書き表し，正しく計算することができたか。

ひっ算にちょうせん

①45＋32＝77　②74＋20＝94　③91＋8＝99

```
 ⊕ ⊖      ⊕ ⊖      ⊕ ⊖
  4 5      7 4      9 1
+ 3 2    + 2 0    +   8
-----    -----    -----
  7 7      9 4      9 9
```

0がある

何もない

十のくらい、一のくらいを上下にそろえて

4 十の位と一の位をそろえないといけない

続けて第2問。「74＋20」。

一の位は4＋0＝4だから，この0が大事

```
  7 4
+ 2 0
-----
  9 4
```

第3問は「91＋8」。

```
  9 1        9 1
+ 8(×)    +   8
-----      -----
             9 9
```

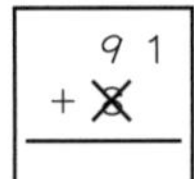

8は一の位だから1の下じゃないといけない
9の下は何も書かない

まとめ

最後に，「2位数＋2位数」のたし算の筆算では，足される数と足す数の十の位と一の位をそろえて書くことが大事だということを確認する。

ただし，それだけで終わるのではなく，子どもに「どんなたし算でも大丈夫だね！」と揺さぶりをかけ，子どもから「〜の場合はどうすればいいのかな？」という問題意識を引き出すようにしたい。

⑤ 本時案

たし算の筆算に挑戦！②

本時の目標

・「2位数＋2位数」のたし算（繰り上がりあり）の筆算の仕方を考え，正しく計算することができる。

授業の流れ

1

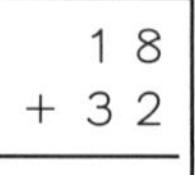

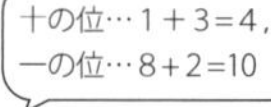

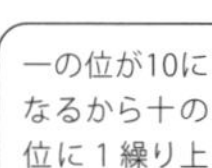

一の位が10になるから十の位に1繰り上げて，答えは50

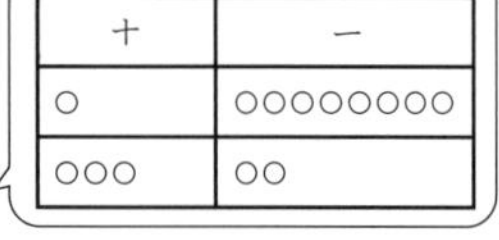

黒板に「18＋32」の式を書き，前時のように筆算の形に書かせ，十の位と一の位のたし算をしてみる。

一の位が10になることに気付くと，計算処理の仕方が問題となる。

そこで，答えをおはじきで確かめてみる。

○月□日（△）

ひっ算にちょうせん②

①18＋32＝

```
  1 8
+ 3 2
```

今までとちがう！

・くり上がりがある

・十のくらいからやるとまちがえるかも

2 筆算ではどのように計算すればいいのかな？

改めてもとの筆算を振り返り，計算の仕方を考える。このとき，まず問題となるのは，一の位と十の位のどちらから先に計算するかということである。

前時まで，「答えは十の位，一の位どちらから書いてもよい」という立場で指導してきたのは，この問題意識を子どもに持たせるためである。十の位に1繰り上がるからこそ，一の位から計算した方がよいことに気付く。

3 位に分けて計算するんだから…

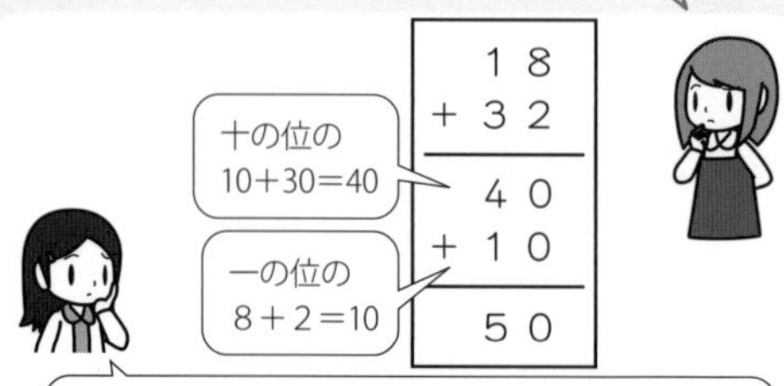

たし算の筆算は位ごとに計算する仕組みだから，繰り上がりがあっても同じようにすればよい。だからあえて上の筆算を書いて見せる。

本時の評価

・「2位数＋2位数」（繰り上がりあり）のたし算の筆算の方法を理解することができたか。
・「2位数＋2位数」（繰り上がりあり）のたし算を筆算の形式で書き表し，繰り上がりの処理に気を付けて正しく計算することができたか。

準備物

・おはじき（提示用・児童用）

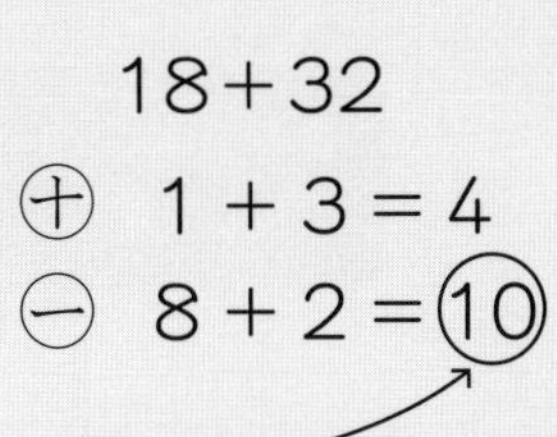


```
   1 8
 + 3 2
 ─────
   4 0 → 十のくらい
 + 1 0 → 一のくらい
 ─────
   5 0
```

②47＋26＝73

```
   4 7
 + 2 6
 ─────
   7 3

   4 7
 + 2 6
 ─────
   6 0
 + 1 3
 ─────
   7 3
```

いみが
わかりやすい

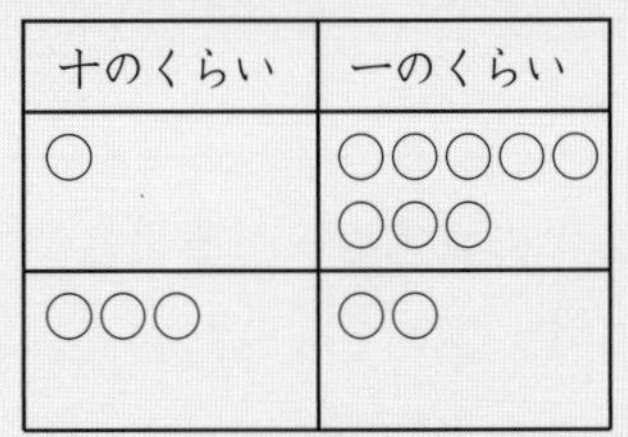

十のくらい	一のくらい
○	○○○○○ ○○○
○○○	○○

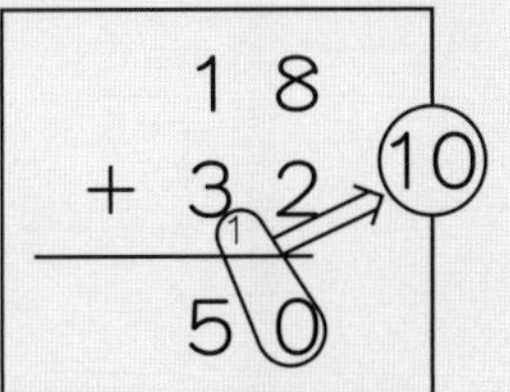

4 十の位への繰り上がりの「1」をここに書きます

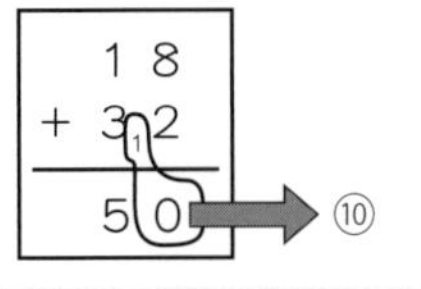

繰り上がりのあるたし算の筆算の計算処理の仕方として，十の位への繰り上がりの「1」を上のように書く方法を教える。

たし算の筆算の繰り上がりの処理の仕方は教科書によって異なる。それぞれに一長一短があり，ここに示したものは，一つの例である。

まとめ

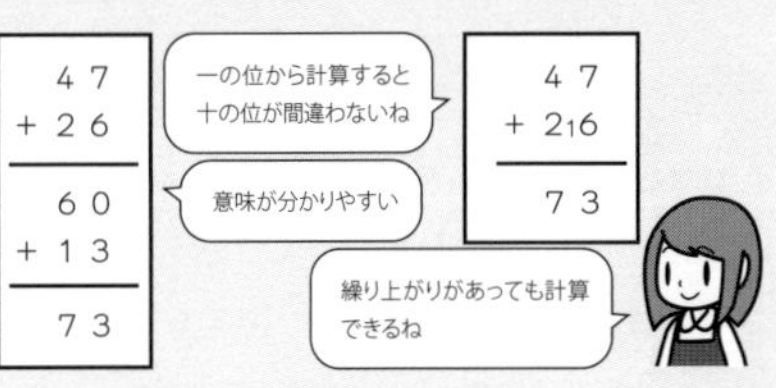

繰り上がりのあるたし算の筆算の処理の仕方に対する理解を確実にするため，「47＋26」を上のように2つのタイプの筆算の形でノートに書かせて計算させる。

本時案

たし算の筆算で勝負！①

本時の目標

・1，2，3，4の４つの数字でできる「２位数＋２位数」のたし算の筆算の答えの大小を比べる中で，同じ答えになる筆算が必ず４つできることを説明することができる。

授業の流れ

1 答えが大きい方が勝ち！

導入で，上の言葉を板書し，たし算の筆算を使った４人一組のグループ対抗戦を行う。４人はそれぞれ黒板に裏を向けて貼られた1，2，3，4の４つの数字カードの中から１枚を選び，筆算の被加数と加数の場所に裏を向けたまま貼る。そして，４枚の数字カードを表にしてできた筆算の計算をして答えの大小を判断する。

使用する数字カードを1，2，3，4の４つに制限すると，筆算の答えが同じになりやすく，「同じ答えになる筆算の仕組み」に関する問いが生まれやすい。また，数の範囲を広げようとする子どもの思いを引き出すことにもつながる。

○月□日（△）

ひっ算でしょうぶ

1 2 3 4

裏を向けてシャッフルして貼る。

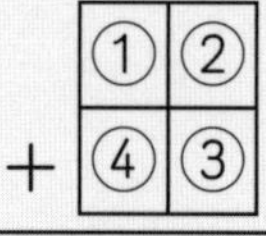

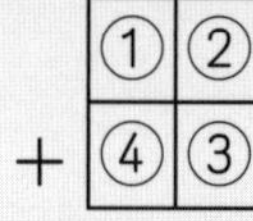

ルール
・１人１まいの数字カードをえらび、①、②、③、④のじゅんにおく。
・答えが大きい方のかち。

2 こっちのチームの勝ち！次は引き分け！

早速ゲーム開始。どれも繰り上がりがないたし算なので，子どももスムーズに計算し，勝敗を楽しんでいく。ところが，引き分けになるときがある。１回目の引き分けでは特別な反応は見られないが，引き分けが２回目となると，「また引き分けだ」という声が現れ，「どうして答えが同じになったのかな？」という問題意識が子どもの中に生まれてくる。

3 絶対に負けない筆算は？

４つの筆算は、どれも十の位は4+3か3+4，一の位は2+1か１+２

全てのチームの対戦を終えたところで，クラス全体で一番大きかった答えを確かめる。そして，「これより大きな答えがつくれるのかな？」と問うて，子どもに考えさせると，子どもは，「絶対に負けない筆算」は４種類存在することを見出す。

本時の評価

- ①，②，③，④の４つの数字でできる「２位数＋２位数」のたし算の筆算の計算ができたか。
- ①，②，③，④の４つの数字でできる「２位数＋２位数」のたし算の中で，答えが同じになるたし算が４種類できることを理解することができたか。

準備物

- １～４の数字カード

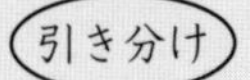

① 42＋31＝73　42＋31＝73

引き分け

② 23＋41＝64　43＋21＝64

引き分け

③ 12＋43＝55　13＋42＝55

④ 14＋32＝46 ＞ 23＋14＝37

どうして答えが同じなのかな？

十のくらい　一のくらいの数が
入れかわっても同じ

ぜったいにまけないひっ算は？

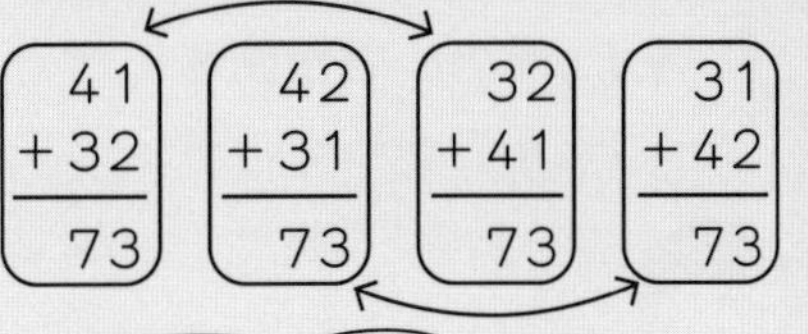

十のくらい　4＋3（3＋4）
一のくらい　2＋1（1＋2）

たされる数とたす数を
入れかえても答えは同じ

ぜったいにかてないひっ算は？

13＋24＝37　14＋23＝37　24＋13＝37　23＋14＝37

4 じゃあ，絶対に勝てない筆算は？

今度は、十の位は2＋1か１＋２で，一の位は4+3か3+4

いつも同じ答えの筆算が４つもできる。だから引き分けが多かったのか…

次に，絶対に勝てない筆算を見つけることにする。子どもは，「４種類の筆算がありそうだ」という見通しを持って探していく。

まとめ

他の数でも同じになるのかな？

繰り上がりがあるときでも答えは同じになるのかな？

たし算の筆算の十の位の上下の数，一の位の上下の数を入れ替えても答えは変わらないということから，改めて位ごとにたし算をしている筆算の仕組みを確認する。

本時案

たし算の筆算で勝負！②

7/11

本時の目標

・5，6，7，8，9の中の4つの数字を当てはめてできる「2位数＋2位数」のたし算には必ず繰り上がりがあることに気付き，その処理の仕方に気を付けて正しく計算することができる。

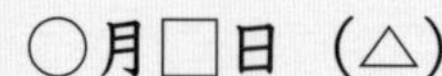

○月□日（△）

くり上がる！

① 59 + 87 = 146 ＞ 79 + 56 = 135

⊖ 9＋7＝16　　⊖ 9＋6＝15
⊕ 5＋8＝13　　⊕ 7＋5＝12

② 58 + 76 = 134 ＝ 76 + 58 = 134

⊖ 8＋6＝14
⊕ 5＋7＝12

授業の流れ

1 答えが大きい方が勝ち！

前時と同様に，たし算の筆算を使った4人一組のグループ対抗戦を行う。ルールは同じだが，使用する数字カードは5，6，7，8，9。前時の終末で子どもから生まれた問題意識に基づいた導入である。

使用する数字カードを5，6，7，8，9の5つに変更すると，必ず一の位から十の位へ，また十の位から百の位へと繰り上がりが生じる。つまり，答えが100を超えるたし算の筆算について考える場となる。

また，前時に生まれた「他の数でも同じ答えになるたし算は4つあるのか？」という問題意識について検討する場としても位置づく。

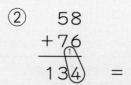

2 昨日と違うことがある！

繰り上がりが2つもある！
どうすればいいのかな？

5，6，7，8，9の数字カードを見ると，「繰り上がりがある」と言う。ゲームを始めると，確かにどちらのチームの筆算にも繰り上がりがある。さらに百の位にも繰り上がりがあることに気付く。まず，その計算処理の仕方が子どもにとっての問題となる。

3 繰り上がりの1を書いておくと間違えにくいね！

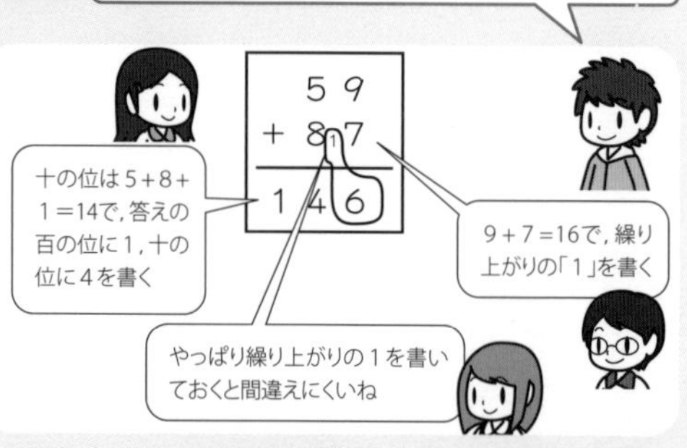

59
＋87
146
十の位は5＋8＋1＝14で，答えの百の位に1，十の位に4を書く
9＋7＝16で，繰り上がりの「1」を書く
やっぱり繰り上がりの1を書いておくと間違えにくいね

繰り上がりのある筆算の計算は学習済みなので，子どもに説明を委ねてみる。

本時の評価

- 5，6，7，8，9の中の4つの数字を当てはめてできる「2位数＋2位数」のたし算の筆算を，正しく計算することができたか。
- 5，6，7，8，9の中の4つの数字を当てはめてできる「2位数＋2位数」のたし算でも，答えが同じになるたし算が4種類できることを理解することができたか。

準備物

- 5～9の数字カード

ひっ算でしょうぶ②（カードをかえてみよう！）

5 6 7 8 9

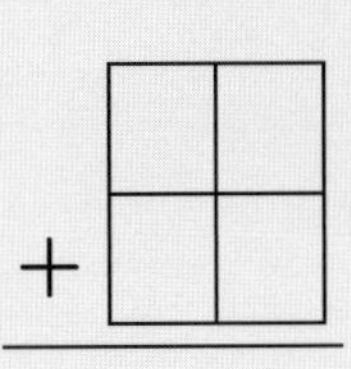

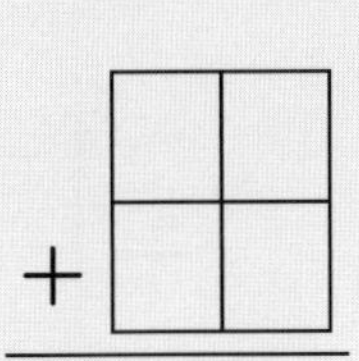

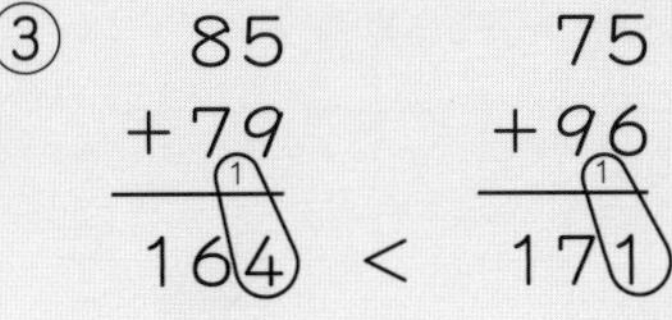

どれも
くり上がっている

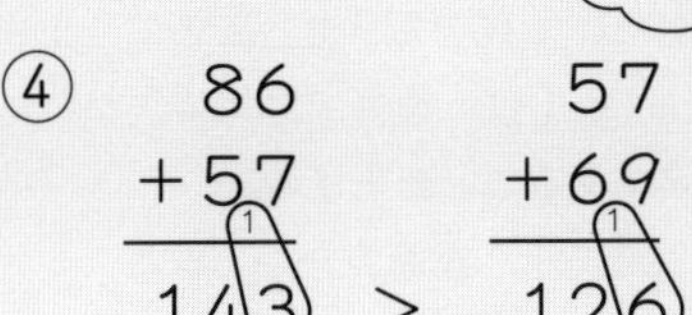

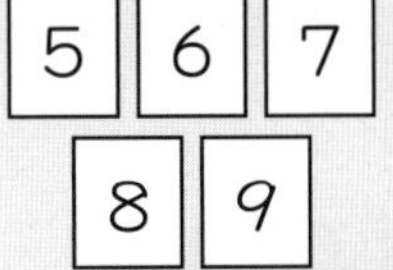

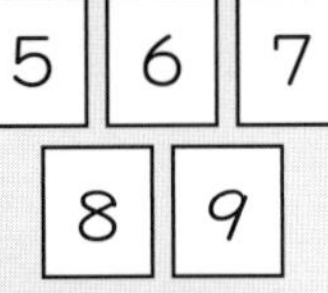

裏を向けて数字を隠しておく。

ぜったいにまけないのは？

ぜったいにかてないのは？

87
+96

ほかにもある

57
+68

4 絶対に負けない筆算は？

97 + 86	96 + 87	87 + 96	86 + 97

今回も同じ答えの筆算が4つできる

全ての計算を終えると「絶対に負けない筆算」を考える。すると，上の4通りの筆算が見えてくる。

まとめ

一の位から十の位へ，また十の位から百の位へと繰り上がるたし算の筆算の計算の仕方を確認する。そして，どの繰り上がりもいつも「1」だということを確かめておく。

また，繰り上がりがある筆算でも，同じ答えになる筆算は4種類あるということを，十の位の数と一の位の数に着目して説明させる。

本時案

正しい筆算がつくれるかな？①

8/11

本時の目標

・「2位数＋2位数＝2位数」となるたし算の筆算が成立するように，□に当てはめる数字カードを検討する中で，たし算の筆算の計算の仕方を振り返るとともに，計算技能の習熟を図る。

授業の流れ

1 正しい筆算がつくれるかな？

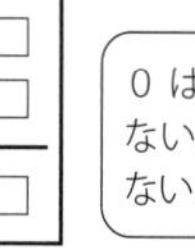

0は使えないんじゃないかな？

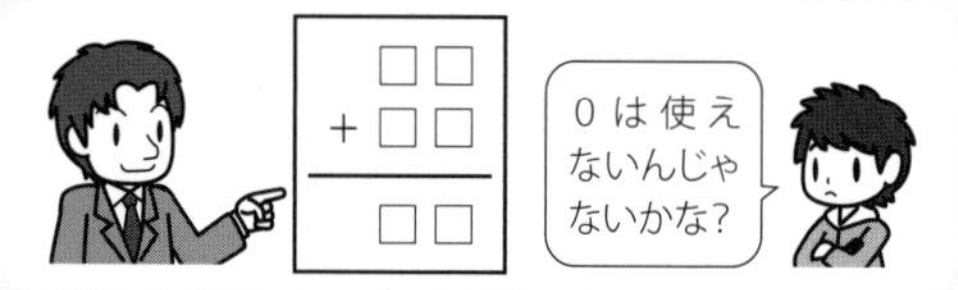

右のように□で表された筆算を提示し，ここに0～9の数字カード（各1枚）を当てはめて正しい筆算をつくる学習であることを告げる。

数字カードを当てはめて正しい筆算をつくる活動を通して，たし算の筆算では十の位と一の位の中でそれぞれたし算をしているということや，繰り上がりの処理の仕方を振り返らせる。また，問題解決の全てを個人任せとするのではなく，早く正しい筆算をつくれた子どもの数値を知らせることで，まわりの子どもにもパズル遊びのように解決する機会を与え，考え方を共有させる。

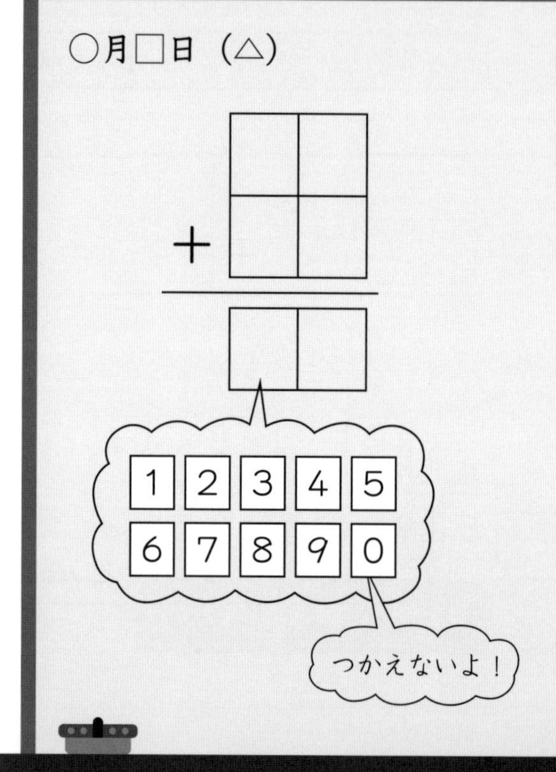

2 1，3，5，6，7，8でできた！

できるのは1つじゃない

できそうだ！

最初，5分間程度で自由につくらせる。「できた」と言う声があちこちで聞こえてくるが，悩んでいる子どももいる。一定時間が過ぎたところで，「友達はどんな筆算をつくったんでしょうね？」と問い，使った数字を発表させる。

3 いっぱいできるよ！

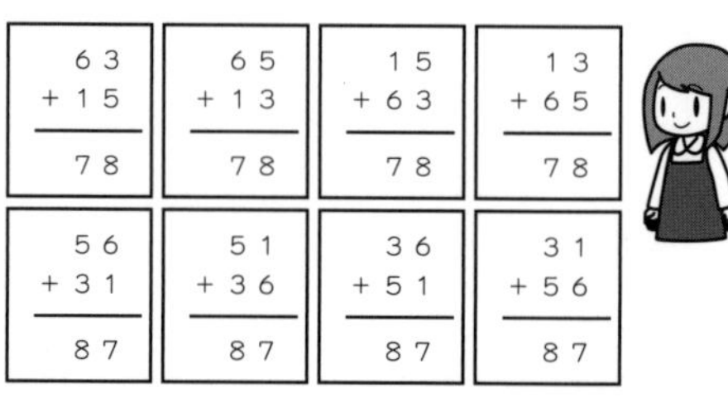

1，3，5，6，7，8でつくってみると，いくつもできる。つくり方に困っていた子も，要領が分かり笑顔になる。

本時の評価

・数字カードを当てはめていく中で，位ごとにたすということや，繰り上がりの「１」の処理の仕方を振り返ることができたか。
・友達の数値で筆算をつくったり，自分の力で筆算をつくることに諦めずに取り組めたか。

準備物

・０～９の数字カード

正しいひっ算がつくれるかな？

1 3 5 6 7 8 でできたよ。

63 + 15 = 78　65 + 13 = 78　15 + 63 = 78　13 + 65 = 78

56 + 31 = 87　51 + 36 = 87　36 + 51 = 87　31 + 56 = 87

十のくらい，一のくらいの数を上下に入れかえても答えは同じになる。

たす数とたされる数を入れかえても答えは同じになる。

1 2 3 4 5 9 でもできる。

41 + 52 = 93　51 + 42 = 93　15 + 24 = 39　14 + 25 = 39

ほかにもできそう！

58 + 12 = 70　45 + 23 = 68　43 + 17 = 60

0 もつかえた！

4 他にもできそう！

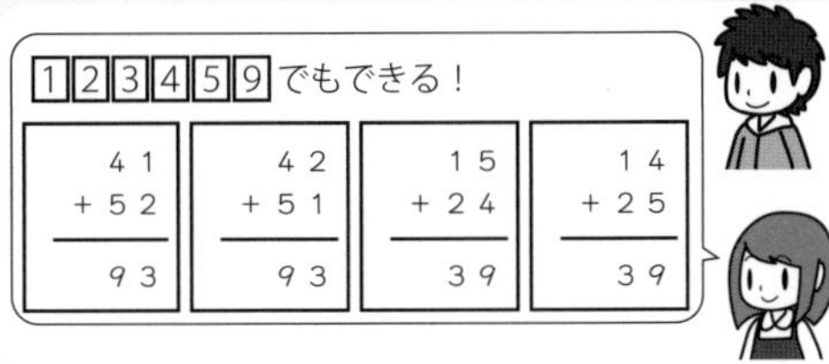

改めて十の位と一の位の上下の数を入れ替えても答えは同じだということが意識される。そして，やり方が分かった子どもは「他にもできそう！」と考え始める。

まとめ

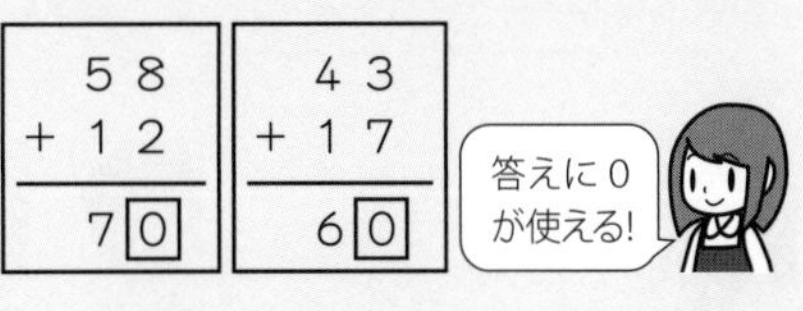

オープンエンドな終わり方で，自分が見つけた筆算をノートに書かせていく。これ自体が筆算の習熟となる。

また，最初は「０は使えない」と言っていた子どもが，「０が使えた」と言い始める。筆算の数に対する見方の広がりである。

本時案

正しい筆算がつくれるかな？②

9/11

本時の目標

・□に数字カードを当てはめて「２位数＋２位数＝３位数」や「３位数＋２位数＝３位数」の筆算をつくっていく中で，たし算の筆算の計算の仕方を振り返るとともに，計算技能の習熟を図る。

授業の流れ

1 正しい筆算がつくれるかな？②

百の位に繰り上がりがある
百の位には絶対に１しか入らない

右の筆算を提示し，今回は答えに百の位があることを確認する。

すると，子どもから「百の位には１しか入らない」という声が上がる。その理由を全員で確認し，「答えの百の位は十の位の繰り上がりでできるんだから，繰り上がりの１が入る」ということに納得する。

つまり，今回の筆算は必ず繰り上がりをつくらなければならない。

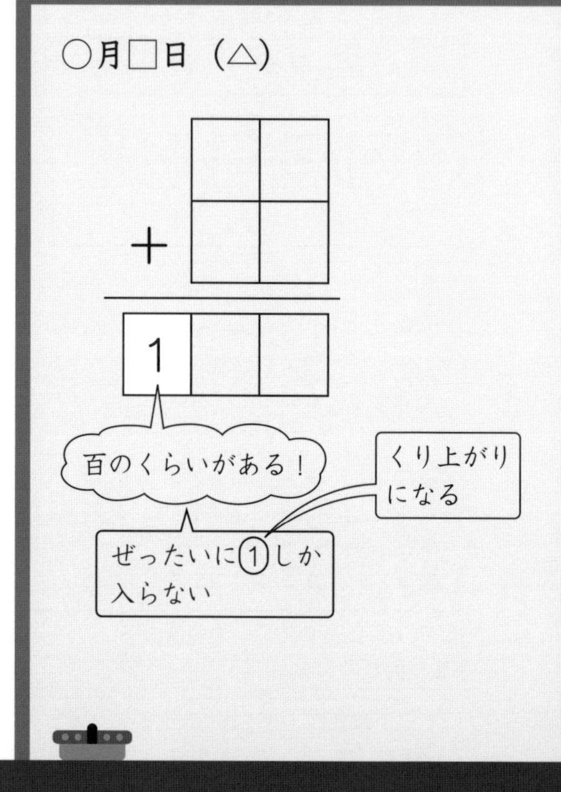

2 やり方は同じだね！

１つできたら他にもつくれるね
１は使えないから…

使える数字は0から9の中の７つである。最初の５分間に自分でつくらせると前時の学習で要領を得ている子どもたちはスムーズに取り組むことができる。

しばらくすると，教室内のあちこちから「できた」という声が上がる。

3 1，3，4，5，6，7，9でできた！

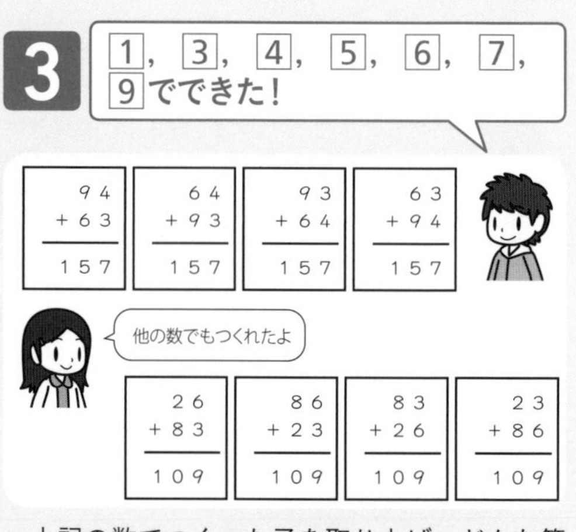

上記の数でつくった子を取り上げ，どんな筆算なのか他の子どもに想像させる。

本時の評価

・前時の筆算と位が違うことを意識して数字カードを当てはめていく中で，位ごとに足すということや，繰り上がりの「1」の処理の仕方を振り返ることができたか。
・友達が見つけた数値で筆算をつくることや，自分の力で筆算をつくることにあきらめずに取り組めたか。

準備物

・0～9の数字カード

正しいひっ算がつくれるかな？②

1 3 4 5 6 7 9 でできたよ。

94	64	93	63
+63	+93	+64	+94
157	157	157	157

26	86	83	23
+83	+23	+26	+86
109	109	109	109

1つ見つかるとほかにもつくれる。

だったらこんなひっ算もできるかな？

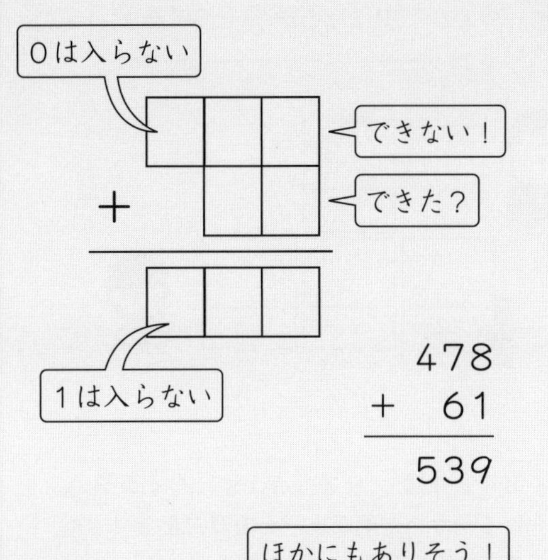

ほかにもありそう！

4 だったらこんな筆算もできるかな？

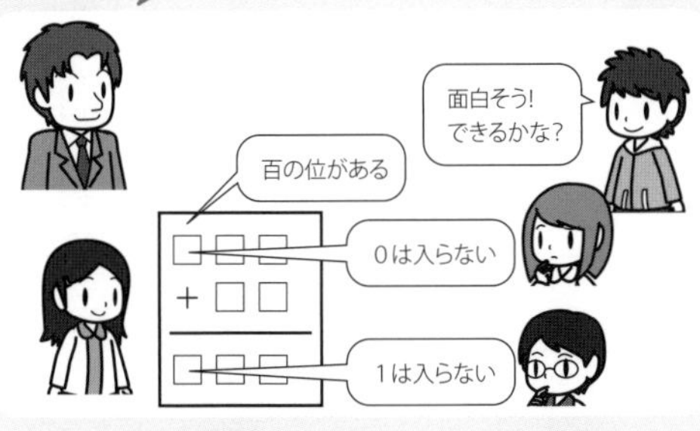

いろいろな筆算ができてきたところで，新たに上のような筆算を示す。今回は「3位数＋2位数＝3位数」となっている。

まとめ

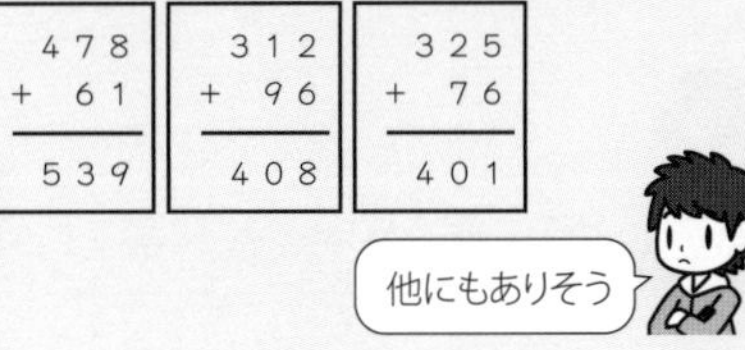

「3位数＋2位数＝3位数」の形になる筆算を見つけるとノートに書く。

さらに，だったら「3位数＋3位数＝3位数」になる筆算もできそうという発展的な思考も生まれてくる。

本時案

答えが100になる筆算がつくれるかな？

10/11

本時の目標

・□に数字カードを当てはめて答えが100になる筆算を完成させることを通して，十の位と一の位の数のきまりを見つけ，100の補数を見出すことができる。

授業の流れ

1 答えが100になる筆算をつくろう！

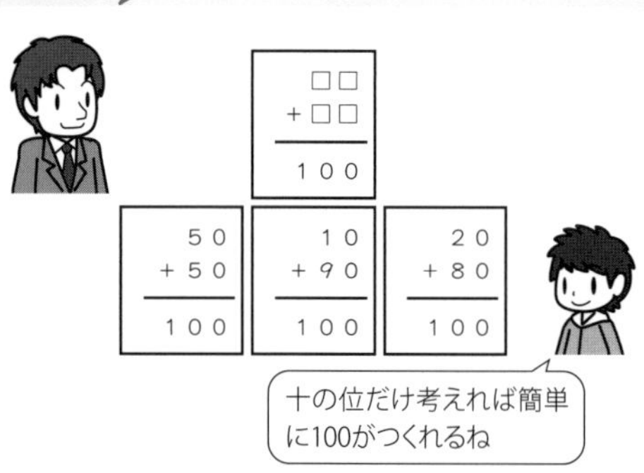

十の位だけ考えれば簡単に100がつくれるね

右の筆算を提示し，「答えが100になる筆算がつくれるかな」と問う。子どもは「簡単！」と言って，筆算を即座につくる。

一の位を０にすれば「何十＋何十」のたし算になるので，十の位を足して10になるようにすればいいだけだということがはっきりする。

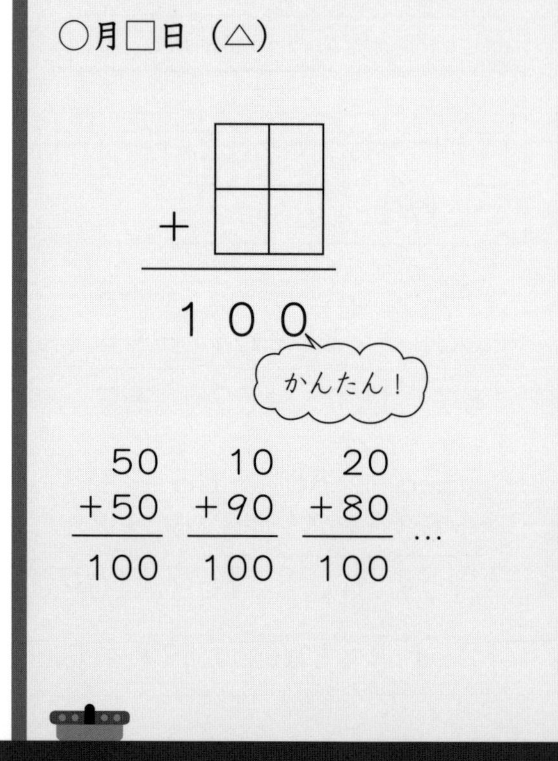

2 0～9の数字カードを当てはめてつくれるかな？

0は１つしかないから…

０を使って100をつくることは簡単だと分かったところで，0から9までの数字カードを当てはめて100をつくるという条件を付け加える。すると，「０があっても使えるのかな？」「０＋０＝０だから」という声が現れる。

3 100ができた！

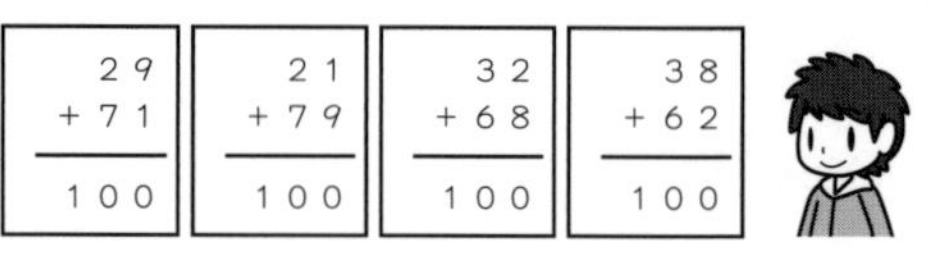

５分間で答えが100になる筆算を自由につくらせる。前時までの学習で数を当てはめて筆算をつくることに慣れている子どもたちは，スムーズに４つの数を決めていく。教室内は「できた！」という声でいっぱいになる。ただ，なかには「あれ？ 110になっちゃった」という子どももいる。

本時の評価

・答えが100になる筆算を完成させることを通して，十の位は足すと9，一の位は足すと10になっていることを見つけることができたか。
・100になるたし算のきまりを使って，100の補数を見つけることができたか。

準備物

・0～9の数字カード

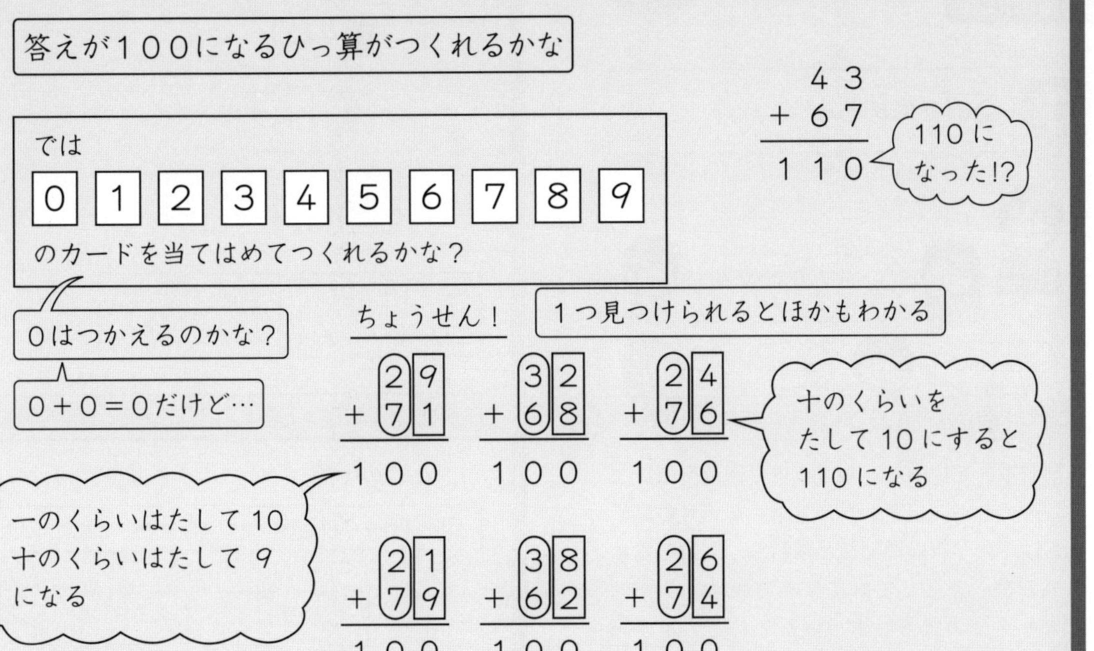

答えが100になるひっ算がつくれるかな
では
0 1 2 3 4 5 6 7 8 9
のカードを当てはめてつくれるかな？
0はつかえるのかな？
0＋0＝0だけど…
43
＋67
110
110になった!?
ちょうせん！
1つ見つけられるとほかもわかる
29
＋71
100
32
＋68
100
24
＋76
100
十のくらいをたして10にすると110になる
一のくらいはたして10
十のくらいはたして9
になる
21
＋79
100
38
＋62
100
26
＋74
100

4 コツが分かった！
十の位はいつも足して9になる
一の位はいつも足して10になる
100
十の位も足して10になるようにすると，答えが110になった
これも1つの筆算を見つけると，たくさん見つけられる

自分でいくつもの筆算を見つけていくうちに，子どもは「きまりがある」と言い始める。

まとめ

答えが100になるたし算の数は，いつも一の位は足して10，十の位は足して9になることを確認する。

そして，今度は逆に2桁の数を見せて，その数に何を足せば100になるのかを考えさせていく。

100の補数を考える活動である。このような数の見方は，この後で学習するひき算の見方にもつながっていく。

本時案　授業 DVD

おはじきは全部で何個あるのかな？

11/11

本時の目標

・３口のたし算場面を通して，たし算の交換法則と結合法則が成り立つことや，式の中に（　）を用いる意味を理解することができる。

授業の流れ

1　全部で何個あるでしょう？

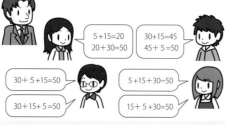

問題場面を提示し，おはじきの個数を書いた３つのカード（30，5，15）を見せる。子どもは，たし算の場面だと判断し，個数を求める式を書く。そしておはじきの数は，２つの式でも１つの式でも求められること，足す順番が変わっても答えは同じだということを確かめる。

何色のおはじきの数から足してもよいので，たし算の交換法則が成り立つ意味が理解しやすい。

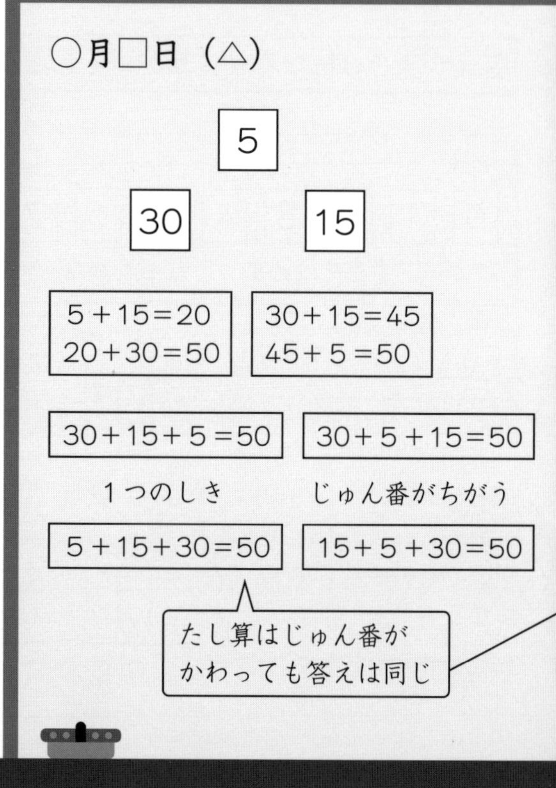

2　たし算は順番が変わっても答えは同じだから…

もう１組のおはじきの数（36，□，19）を示す。ところが，１つの色のおはじきの数は決まっていない。後で数を決めることを伝え，１つの式に表すことにする。

3　「36＋□＋19」の計算が簡単にできる数を入れよう！

どうしてその数にしたのかな？
この数だったらどうして簡単なのかな？
36＋１＋19
36＋４＋19
36＋５＋19
36＋０＋19

なるほどね。その数にした気持ちが分かる

「36＋□＋19」の□の中に，この数だったら簡単に計算できると思う数を書き入れさせると，上のような数を入れている。

単元の基礎・基本と見方・考え方

第１学年では，「１位数－１位数」や「十何－１位数」等の減法の意味や計算の仕方を考えることを指導した。第２学年では，２位数及び簡単な３位数の減法の計算ができるようにするとともに，それらの筆算の仕方や，減法と加法の関係について理解できるようにする。また，数量の関係に着目し，減法の計算の仕方や，減法と加法の関係について考えることは，第３学年で学習する３位数や４位数の減法に生かされるものであり大事に扱う必要がある。

⑴減法の計算の仕方を説明する活動

加法と同様に，２位数の減法の計算の仕方は，第１学年で学習した「１位数－１位数」や「十何－１位数」の減法や十進位取り記数法の考えをもとにして説明することができる。本単元の指導では，単に減法の筆算形式を教えるのではなく，２位数の減法の計算の仕方を子どもが自分なりの表現で説明できるようになることを大事にしたい。そのため，減法の場面を絵に表したり，ブロックやおはじきを用いた操作によって説明したりする活動を重視する。特に，繰り下がりの処理の仕方の理解は子どもにとって苦手なものであり，具体的に何をしているのかということを子どもが理解できるような操作活動が必要となる。そのため，本書では，加法と同様に主におはじきを用いた操作活動及び説明活動を設定している。加法の計算の仕方と関係づけたり，十進位取り記数法との関連を意識しやすいように配慮したものである。

なお，子どもの実態によっては，当然のことながらブロックを説明する道具として用いても何の問題もない。ブロックの場合は10のまとまりが見えやすく，繰り下げるという行為の意味が分かりやすい。一方のおはじきは，１つのおはじきで10のかたまりを表すという点でブロックより抽象度が高いものの，筆算形式の数との対応が分かりやすいというよさがある。

⑵減法の計算のきまりに対する意識を引き出し活用する

本書では，繰り下がりのある筆算の仕方を考える場面で，そのまま処理形式を考えさせるのではなく，「34－１□」の□の数値によって変わる答えの変化の仕方に着目して答えを考える場面を設定している。「減数が１大きくなると答えは１小さくなる」あるいは「減数が１小さくなると答えは１大きくなる」という減法のきまりに関する気付きを引き出し，減法の筆算に対する見方を豊かにするとともに，「もっと簡単に計算できる方法はないのか」という問題意識を子どもから引き出すようにしているのである。このような問題意識が強ければ強いほど，繰り下がりのある筆算の処理の仕方を考えようとする意欲も高まってくる。

⑶計算練習の問題も自分たちでつくる

加法計算の習熟と同様に，本書では，班対抗ゲーム等を通して子どもが減法の計算問題をつくって計算する，あるいは筆算形式の空欄に数字を当てはめて正しい筆算をつくる中で計算練習をしていくような習熟の授業を提案している。すると，子どもは自然に減法の答えの変化に目を向け，最大の答えになる場合や，逆に最小の答えになる場合を追求しようとし始める。問題意識の質的な高まりや学びに向かう力を育成するという点からも有効な計算練習となる。

本時案

残りのあめはいくつかな？

本時の目標

・2位数－2位数のひき算（繰り下がりなし）は，10のまとまりとばら（1）に分けて引けば計算できることを理解し，説明することができる。

授業の流れ

1 □の中に入る言葉は何かな？

あげたあめの数は32個だとすぐ分かるね

あめが48こあります。32人の子どもに1つずつあげました。□は何こでしょう。

問題場面を板書し，□の中に入る言葉を想像させる。子どもからは，「のこり」「あまり」「あげたあめ」のような反応が現れる。

問題場面を自分たちでつくっていくことで，文章で現れた場面のイメージを明確にするとともに，本時の問題を焦点化していく。

○月□日（△）

あめが48こあります。
32人の子どもに1つずつあげました。
□は何こでしょう

のこり？あまり？

あげたあめ

この中ですぐにわかるのは？　32こ

2 残りのあめはいくつかな？

あげたあめの数は全部で32個だから，式は「48－32」になる。「何十－何十」のひき算は既習なので，多くの子どもはこれも計算できそうだという見通しを持っている。なかには答えが分かった子どももいる。

3 1年生にも分かるようにするには？

おはじきを使おう!
絵をかけば分かりやすいかな?

解決の見通しが持てる子どもが多いので，「1年生にも分かるように説明するには？」と，より丁寧に説明せざるを得ない場を設定する。

説明する対象を示すことで，目的を持って具体的に説明する方法を考える場とする。

本時の評価

・2位数−2位数のひき算の計算の仕方を，おはじき操作や図を使って表現することができたか。
・2位数−2位数のひき算は，10のまとまりとばらに分ければ計算しやすいということを理解することができたか。

準備物

・おはじき（提示用・児童用）

のこりのあめはいくつかな？

しき　48−32=16

㊉のかたまりと㊀にわけて考えているね

1年生にもわかるようにするには？

おはじきをつかう
えをかく（〇）

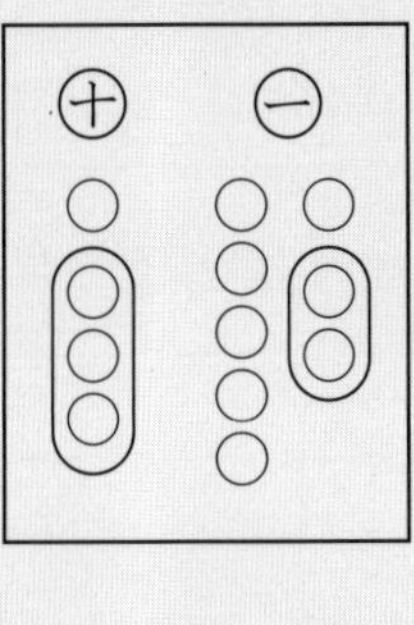

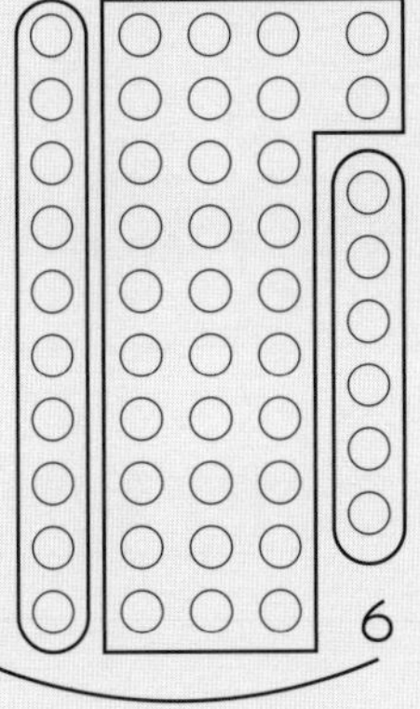

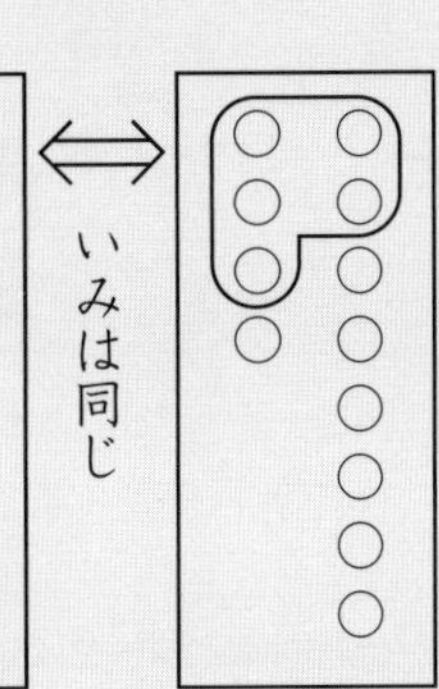

4 数字でも説明できるよ！

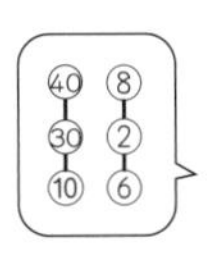

考えの共通点は，十のかたまりとばらに分けて引くということである。「だったら数字でも説明できる」という声も現れてくる。

まとめ

32じゃなくても簡単にひき算できる数がいっぱいある

改めて48−32は，十のかたまりとばらに分けて引けば計算できるということを板書し，十の位は「4−3」，一の位は「8−2」になっていることを確認する。

そして，「だったら32以外の数で，そのまますぐに48から引けそうな数は何ですか」と問うて，子どもの本時の学びを評価する。

本時案

ひき算の筆算に挑戦！

本時の目標

・2位数－2位数のひき算（繰り下がりなし）の筆算形式を知り，その仕組みが10のまとまりとばら（1）に分けて引く考えに基づいていることを理解し，正しく計算することができる。

授業の流れ

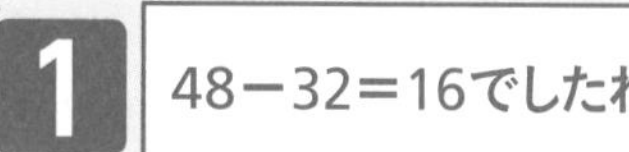

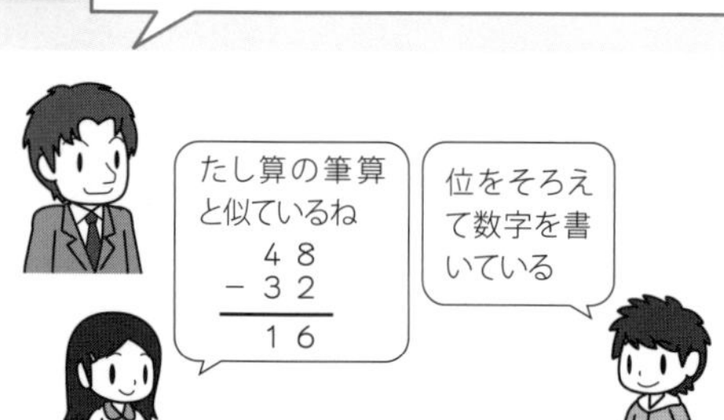

たし算の筆算と似ているね
　48
－32
　16
位をそろえて数字を書いている

前時の結果である「48－32＝16」という式を確認し，「48－32＝16の筆算を教えます」と伝える。

筆算形式は子どもが発明するものではなく，教師が教えるものである。だから，たとえ筆算形式を知っている子どもがいても教師から確実に提示して教えるようにする。

○月□日（△）

ひき算のひっさんにちょうせん

48－32＝16

たし算のひっ算ににている！

　4 8
－3 2
　1 6

くらいをそろえて数字をかいている

2 ひき算の筆算の仕方は「おはじき」と一緒だね！

10のまとまりをばらに分けて引いているね

ひき算の筆算の計算方法として，一の位は「8－2＝6」，十の位は「4－3＝1」と説明していくと，前の時間の「おはじきと一緒だ」と言い始める。そこで，改めて前時で学習した48－32の計算の仕方をおはじきを使って確認し，筆算の表記との関連を整理する。

3 ひき算の筆算に挑戦！

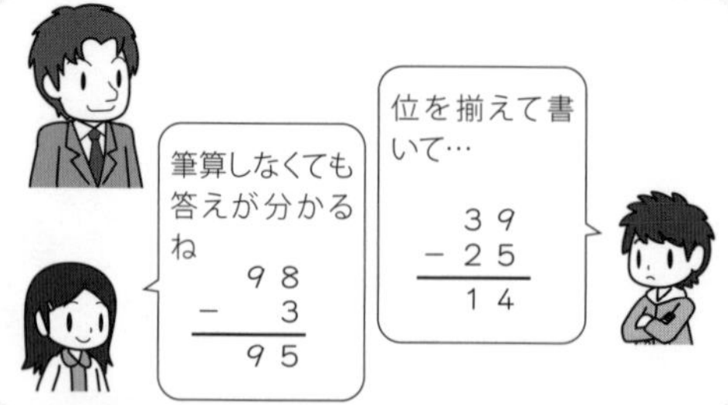

筆算しなくても答えが分かるね
　98
－　3
　95
位を揃えて書いて…
　39
－25
　14

別の数値でひき算の筆算の仕組みを確かめる。最初は「39－25」。

次は「98－3」。

本時の評価

・2位数－2位数のひき算（繰り下がりなし）の筆算の仕方を，前時の学習と関係づけて理解することができたか。
・2位数－2位数のひき算の筆算（繰り下がりなし）を正しく計算することができたか。

準備物

・おはじき（提示用・児童用）

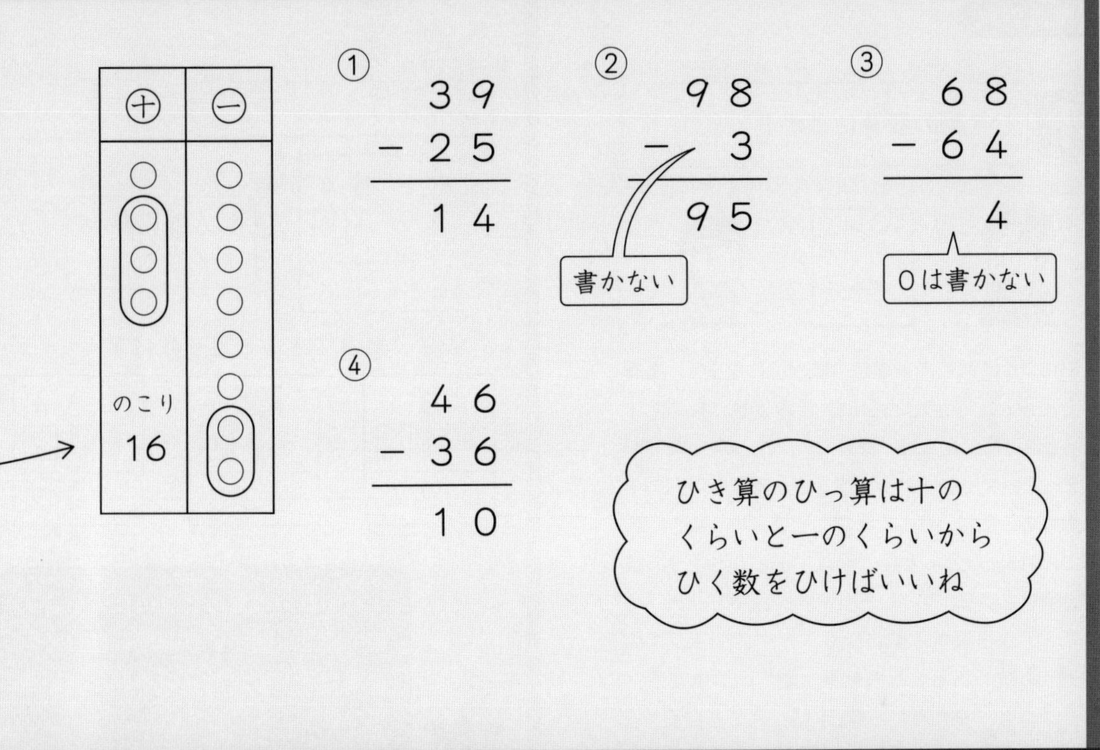

4 0を書く?書かない?

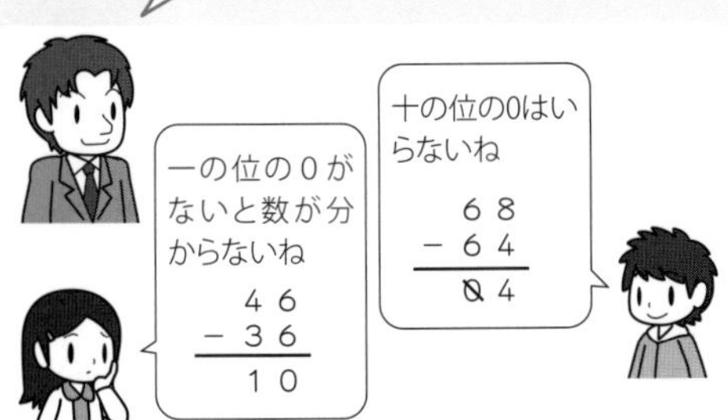

一の位の0がないと数が分からないね
46
－36
10
十の位の0はいらないね
68
－64
04

次は「68－64」。十の位の0の有無を確認する。

次は「46－36」。一の位の0は必要だということを確認する。

まとめ

○十の位と一の位の数をたてにそろえて書く。
○一の位と十の位それぞれ上の数から下の数を引く。
○十の位には0を書かない。

整理しながら，ひき算の筆算は簡単だという意識を持たせる。そうすることで，逆に子どもから「上の数から下の数が引けないときはどうするの？」という数の見方を引き出す。

本時案

きまりを使えば簡単！でも…①

本時の目標

・繰り下がりのある「2位数－2位数」の筆算と出合い，減数を1ずつ変えていけば答えを求められることに気付くとともに，より効率的な計算の仕方を欲する問題意識を抱くことができる。

授業の流れ

1 ひき算の筆算に挑戦！

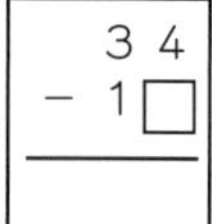

右のように減数の一の位の数が□になっている筆算を提示し，「このようなひき算の筆算に挑戦します」と告げる。ただし，減数の一の位が□で数値が決まっていないので計算できない。そこで「□の中の数がこの数なら正しく計算できると思う数を□の中に入れましょう」と投げかけ，子どもに1つの数値を選択させる。

子どもから現れる数は，0，1，2，3，4の5通りの数である。その結果，逆に□の中が5，6，7，8，9だったら難しいということも子どもたちには意識される。そこで，実際に□の中に0，1，2，3，4の数を入れて計算させてみる。

○月□日（△）

ひっ算にちょうせん！

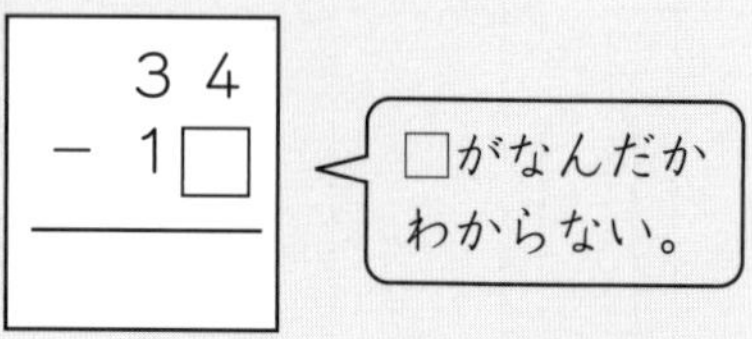

正しく計算できると思う数は？

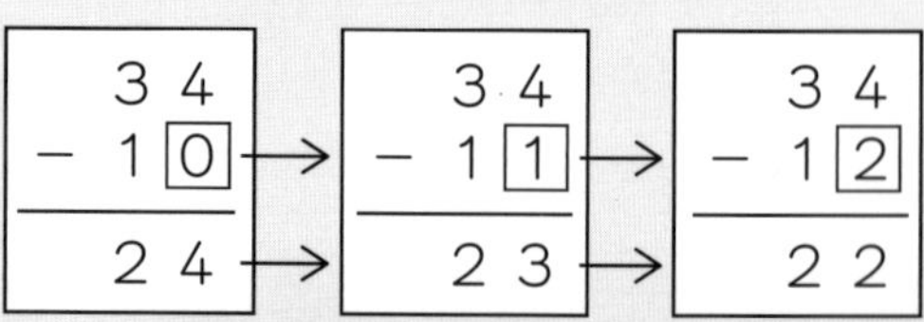

それぞれの筆算の計算の仕方を2人組で交互に話すような場を設けて，全員の子どもが計算の手順を言語表現できるようにしていく。
アルゴリズムは言語化することで意識され，定着していく。

2 あれっ？ 面白い！

最初は34－10。「簡単。一の位は4－0で4，十の位は3－1だから2，だから答えは24」，一問ずつ計算の手順を全員に説明させていく。第2問は34－11＝23，第3問は34－12＝22，第4問は34－13＝21，そして第5問目は34－14＝20。全問の答えを確かめたところで，計算している途中から耳に届いていた子どものつぶやきを確認すると，子どもたちは「面白いことがある」と言う。

3 □の中の数が1ずつ増えると答えが1ずつ小さくなるから計算が簡単！

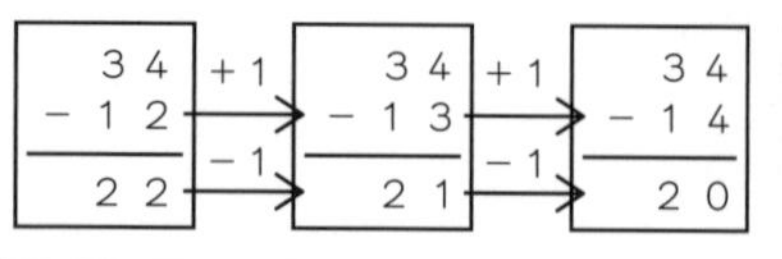

減数が1ずつ増えると答えが1ずつ減っていくという関係を見出した子どもたちは「34－15の答えも分かる」と言い始める。さらに「34－16の答えも分かる」と言う。

本時の評価

・ひき算の筆算の減数が1ずつ増えると，答えは1ずつ減っていくという関係があることに気付き，実際に計算することができたか。
・よりよい計算方法に対する問題意識を持つことができたか。

準備物

・筆算を書くカード

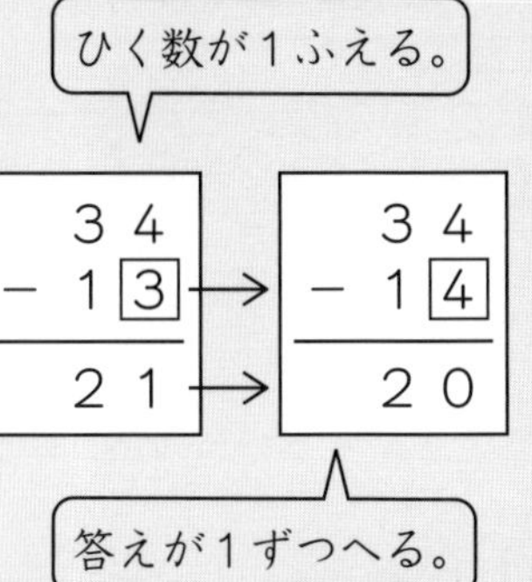

ひく数が1ふえる。
34 − 13 = 21
34 − 14 = 20
答えが1ずつへる。

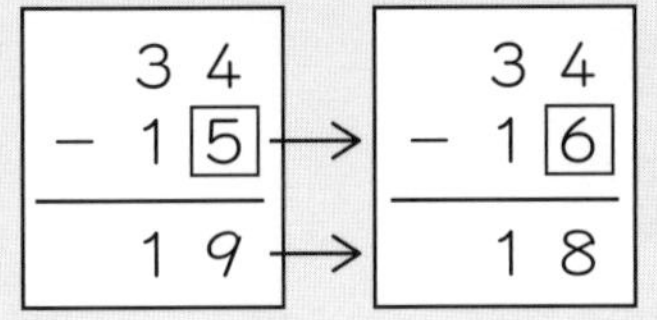

一のくらいがそのままひけない。
むずかしい。
34 − 15 = 19
34 − 16 = 18

だったら、
答えがわかる！

でも、そのまま計算
できないのかな？

ひかれる数が同じひき算では、
ひく数が1ずつふえると、
答えは1ずつ小さくなる。

このきまりをつかえば、一の
くらいがそのままひけない
ようなひき算の答えも
見つけられる。

でも、そのまま計算すること
ができない。

もっとかんたんに計算する
方ほうはないのかな？

筆算をカードに書いて提示することで，子どもの意思で筆算の並び替えをしたりしやすい環境を整える。

4 でも，すぐには分からないなあ

34 − 15 = 19	34 − 16 = 18

「34−15＝19」「34−16＝18」，被減数が一定のひき算では，減数が1増えると答えは1減るという関係を活用して，難しいと思っていた計算の答えを導き出す。しかし，逆に，「答えがすぐに分からない」ということも意識する。

まとめ

引かれる数が同じひき算では，引く数が1ずつ増えると，答えは1ずつ小さくなる。

このきまりを使えば，34−15のように一の位がそのまま引けないような難しいひき算の答えも見つけることができる。

「でも，そのまますぐに計算することができないので，もっと簡単に計算できる方法はないのかな」というひき算の計算の仕方に対する問題意識を引き出す。

本時案

きまりを使えば簡単！でも…②

本時の目標

・ひき算の減数を１ずつ減らしていっても繰り下がりのある「２位数－２位数」の答えを求められることに気付くとともに，そのまま計算する方法を求めようとする意識を持つことができる。

授業の流れ

1 昨日のやり方で計算しよう！

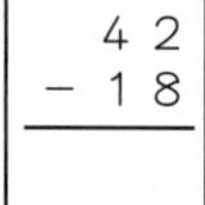

本時の授業は，前時で見つけたひき算のきまりを活用して計算する場面と位置づける。

問題は右のように「42－18」の筆算である。「2－8」ができないので，前時の方法を使って，減数を１ずつ増やしていくことで，答えを求めてみるのである。

本時の数値の場合，スタートは繰り下がりのない「42－12」となる。まず，その見方を確認し，そこから「42－13」「42－14」「42－15」「42－16」「42－17」と減数を１ずつ増やしていきながら迫っていき，確かに計算できることを確認する。

○月□日（△）

きのうのやり方で計算しよう！

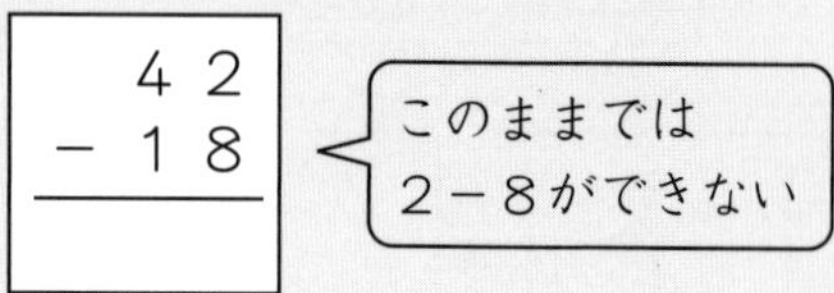

さいしょにひき算するのは42－1□？

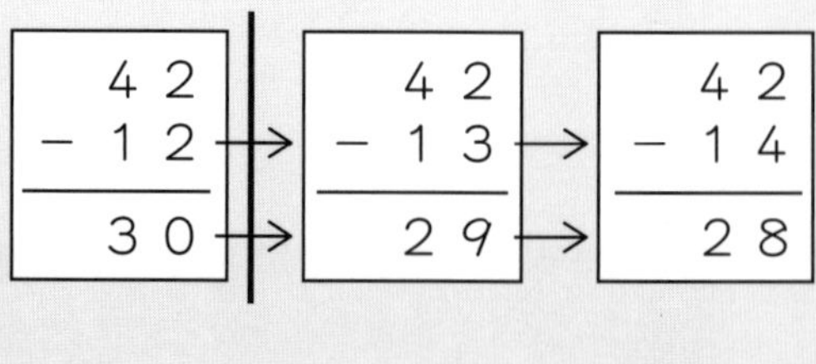

2 計算できるけど面倒くさい！

最初は「42－12」。簡単に30という答えが求められる。次の「42－13」は一の位が「２－３」で引けないが，前時に見つけた「減数が１ずつ増えると答えが１ずつ減っていく」きまりを使うと29になる。同様に計算していくと「42－14＝28」「42－15＝27」「42－16＝26」「42－17＝25」「42－18＝24」となる。しかし，子どもたちは「面倒くさい」と感じ，この方法への問題意識を持つ。

3 反対に見れば近いよ！

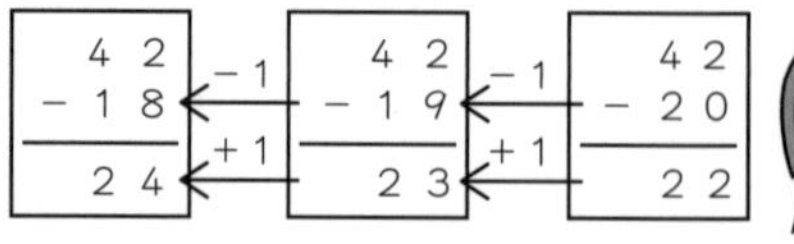

楽に計算する方法を考えていると，黒板上の７つの筆算から「反対に見れば近い」ということに気付く子どもが現れる。つまり，「減数が１ずつ減ると答えが１ずつ増える」という見方で，「42－20」「42－19」「42－18」と迫っていくのである。

本時の評価

・ひき算の筆算の減数が１ずつ減ると，答えは１ずつ増えていくという関係があることに気付き，ひき算の数値によって，減数を増やしたり，減らしたりする判断をして，計算することができたか。
・そのまますぐに計算できる方法に対する必要感を抱いたか。

準備物

・筆算を書くカード

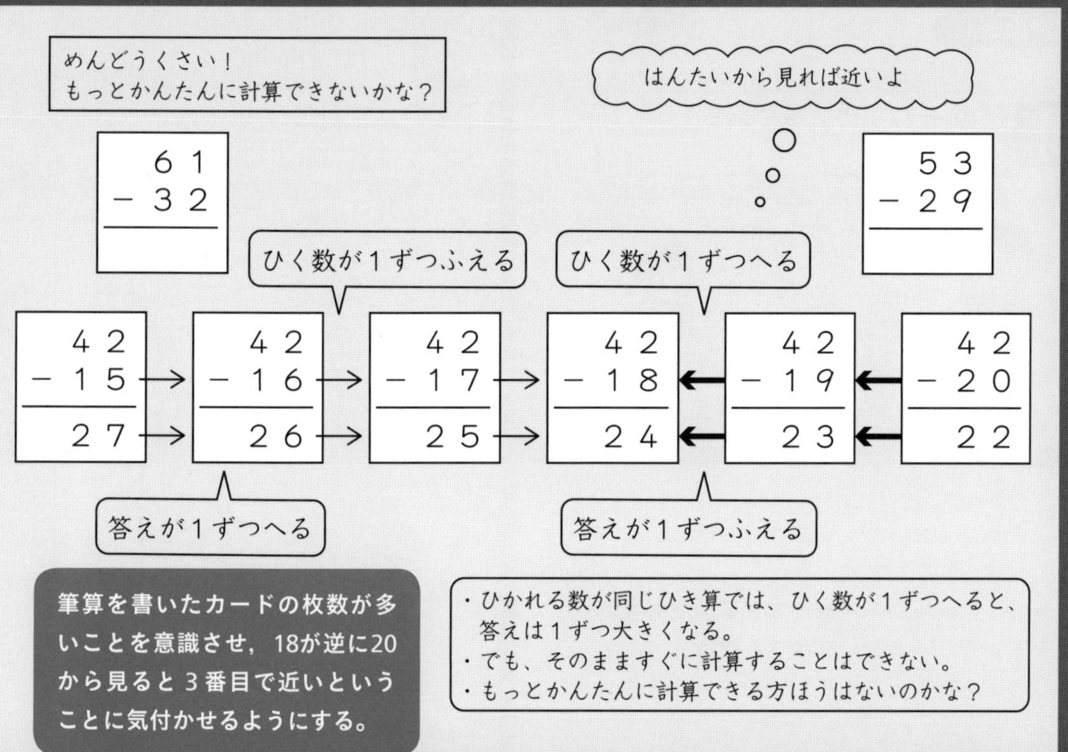

めんどうくさい！
もっとかんたんに計算できないかな？
はんたいから見れば近いよ
61
－32
53
－29
ひく数が１ずつふえる
ひく数が１ずつへる
42
－15
27
42
－16
26
42
－17
25
42
－18
24
42
－19
23
42
－20
22
答えが１ずつへる
答えが１ずつふえる
・ひかれる数が同じひき算では、ひく数が１ずつへると、答えは１ずつ大きくなる。
・でも、そのまますぐに計算することはできない。
・もっとかんたんに計算できる方ほうはないのかな？

筆算を書いたカードの枚数が多いことを意識させ，18が逆に20から見ると３番目で近いということに気付かせるようにする。

4 こっちの方が楽だな，でももっと簡単にできないかな

新たに減数を減らしていく見方を見つけたことで，「53－29」と「61－32」のひき算の筆算を提示し，減数を増やしていく方法と減らしていく方法のどちらが楽か判断させる。しかし，いずれの場合も一気に答えが求められないことから，より効率的な方法を模索しようとする子どもの問題意識を引き出す。

まとめ

前時に見つけたきまりを反対から見れば，引かれる数が同じひき算では，引く数が１ずつ減ると答えは１ずつ大きくなっている。

そして，筆算の数値によってどちらのきまりを使った方が楽なのか判断すれば計算できることを確認する。しかし，いずれもすぐに答えが出せないので，「そのまま計算できる方法はないのかな？」というひき算の計算の仕方に対する問題意識がさらに強くなる。

本時案

そのまま計算するにはどうすればいいのかな？

5/13

本時の目標

・繰り下がりのある「２位数―２位数」のひき算の計算の仕方を，既習の「１□―○」の繰り下がりと関連付けて説明し，正しく計算することができる。

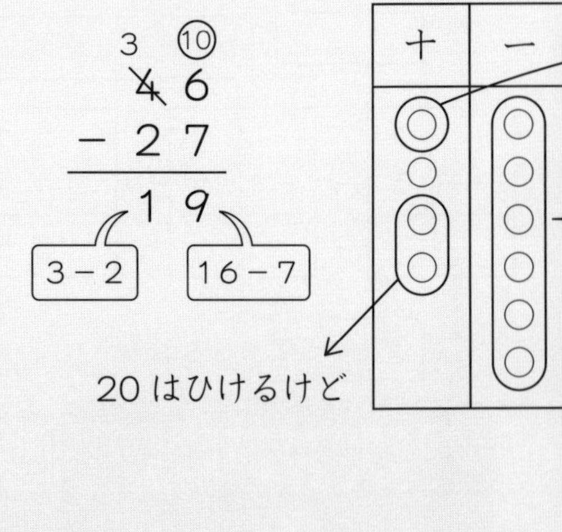

授業の流れ

1 「46ー27」の計算で困る理由は?

　４６
－２７

前時までは引く数と答えの変わり方に着目して答えを導き出してきた。本時では，そのままの数値で計算する方法に子どもの問題意識を焦点化する。

そのため「46－27」のひき算で困るところを，おはじき操作で確認する。

最初に，46という十進位取り記数法の表記と合うように十の位に４個，一の位に６個のおはじきを並べる。そして，27を引く場合に困ることを具体的な操作で確認する。何が問題なのかということを，明確にするためである。

2 十の位は大丈夫だけど，一の位が引けない！

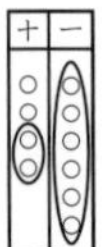

十の位の４から十のかたまり２個，すなわち20は引ける。しかし，一の位は６だから７が引けない。おはじきを実際に操作するから問題点が明確になり，子どもはその解決に向けて既習を思い出し，関係がありそうなものに目を付けるようになる。

3 １年生のひき算のようにすればいい！

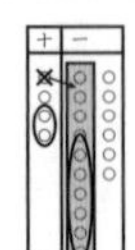

「一の位が引けないなら引けるようにすればいい」。子どものアイデアが現れ始める。手元で操作しながら検討していくと，１年生のときに学習した「１□―○」の計算と関係づけて，十の位の「１」を「ばら」にして一の位に動かすアイデアが現れる。

本時の評価

・「2 位数― 2 位数」の繰り下がりのあるひき算を，既習の「1 □―○」の繰り下がりと関連付けて説明することができたか。
・繰り下がりのある「2 位数― 2 位数」のひき算を正しく計算することができたか。

準備物

・おはじき（提示用・児童用）

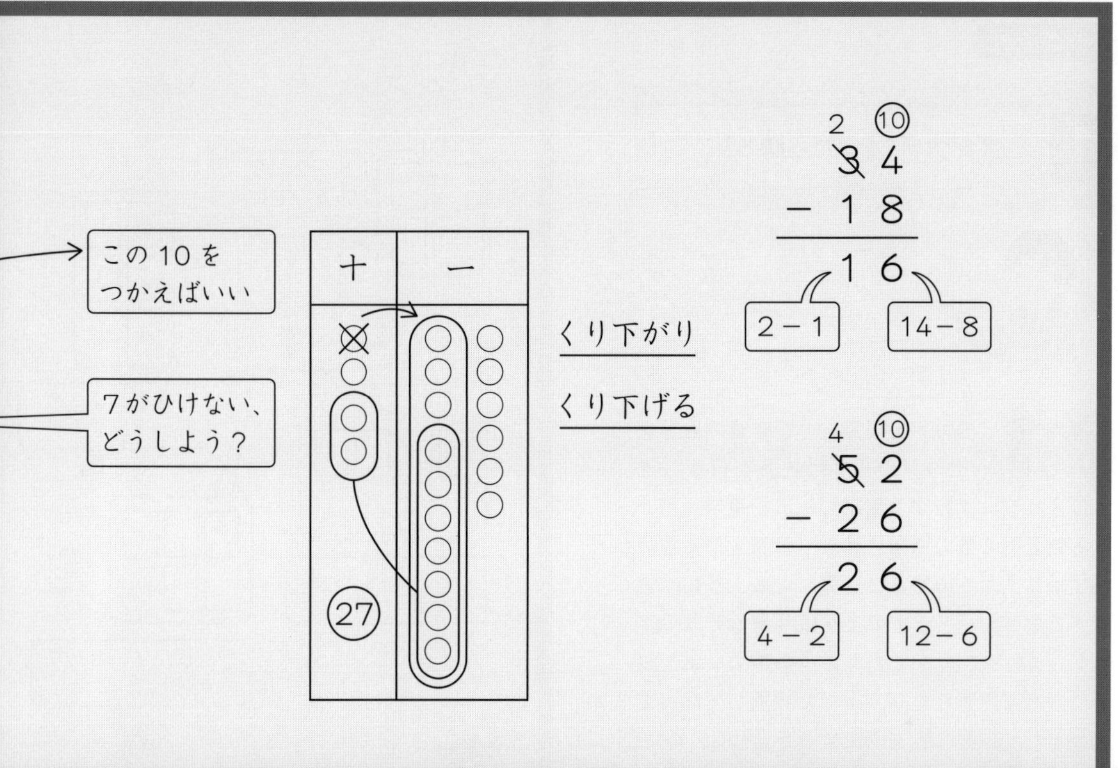

4 「十の位から 1 繰り下げる」と言います

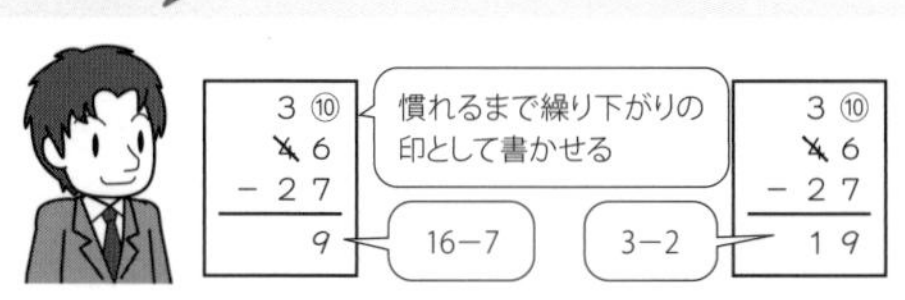

おはじきで操作したことを「十の位から 1 繰り下げる」ということを教え，板書する。そして，筆算でどのように表現すればよいか説明し，全員に言語化させながら確認していく。

まとめ

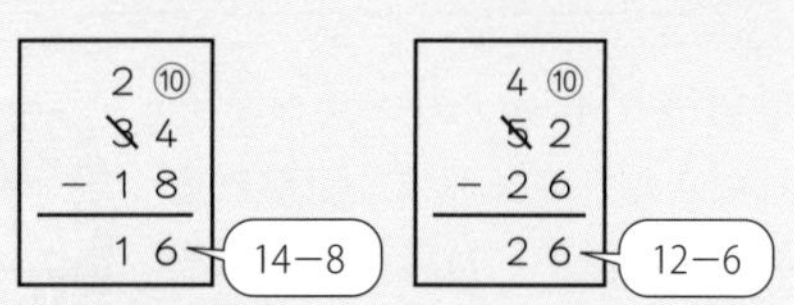

繰り下がりのある筆算の計算の仕方を他の数値でも確認する。一問ずつ，隣同士で計算の手順を説明していきながら，繰り下がりの処理の仕方を定着させていく。子どもの実態に応じて，おはじき操作で繰り下がりを確認してもよい。

本時案

答えが大きくなったら勝ち！①

6/13

本時の目標

・選んだ数字カードを当てはめてできる「2位数－2位数」の繰り下がりのあるひき算の筆算の答えの大きさを競うゲームを通して，計算技能の習熟を図る。

授業の流れ

1 答えが大きくなったら勝ち！

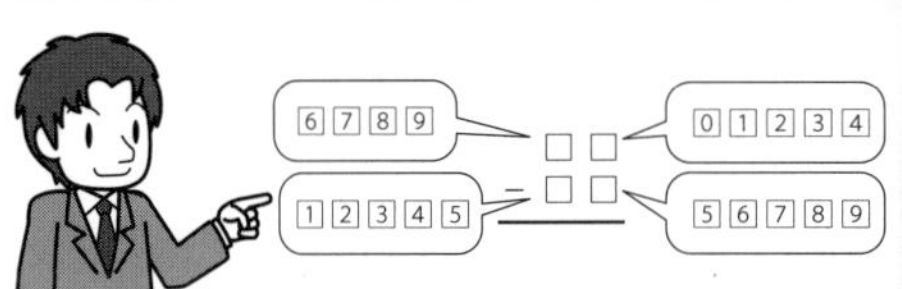

導入で，上の言葉を板書し，ひき算の計算を使った４人一組のグループ対抗戦を行う。４人はそれぞれ１枚ずつ数字カードを選び，引かれる数と引く数の場所に貼って筆算をつくる。必ず繰り下がりのあるひき算になるように，選択する数字カードは上のように準備しておく。

ゲーム性を持たせるために，数字カードを封筒に入れて用意したり，黒板に裏返して貼って提示したり，見せ方を工夫するとよい。

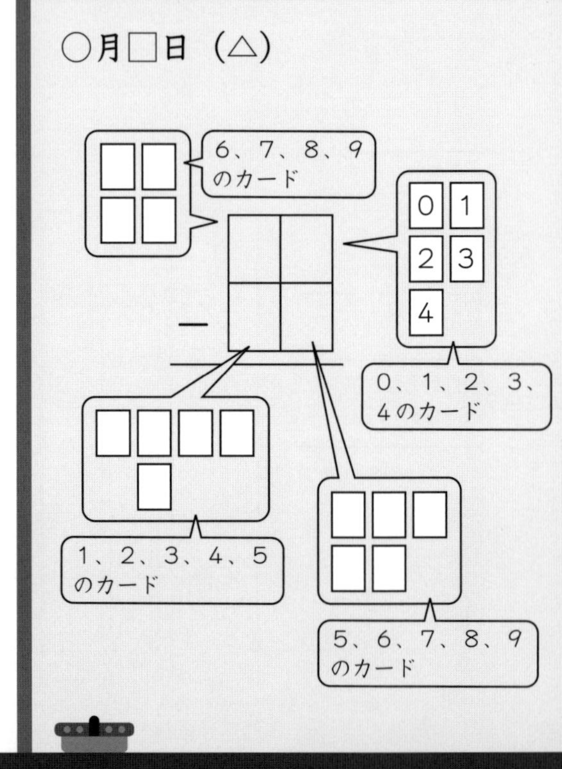

2 繰り下がりがある！

最初のグループの４人がそれぞれ数字カードを選び，引かれる数の十の位，一の位，引く数の十の位，一の位の順で数字カードを貼っていくと，「繰り下がりがある」と言う。どこで分かったのか確認することで，一の位の数の大小関係に着目させる。

その後，繰り下がりのあるひき算の計算の仕方を声に出して喋りながら答えを求める。

3 答えが大きければ勝ち！

２グループ目からは，ひき算の答えが既に計算した他のグループより大きければ勝ちとなる。逆に，答えが小さければ最初のグループの勝ちとなる。全部のグループが終わるまで結果が分からない完全な勝ち抜き戦である。

早速，次のグループの４人が数字カードを選び，黒板上に貼って筆算をつくっていく。どっちの答えが大きくなるのか，子どもたちもカードの数値に注目する。

本時の評価

・繰り下がりの処理の仕方に気を付けて「2位数−2位数」の繰り下がりのあるひき算の計算をすることができたか。
・問題場面を発展させるような問題意識を持つことができたか。

準備物

・0〜9の数字カード（掲示用）

答えが大きくなったらかち！

はんたいこうのかちぬきせん

・4人で1人1まいずつカードを引いてはる。
・カードの数でひき算をした答えが大きい方がかち。

① 51 − 19 = 32

② 63 − 28 = 35 かち

くり下がりを書くとわかりやすいね

③ 62 − 58 = 4

④ 54 − 45 = 9

答えが一番大きくなるのは？

⑤ 60 − 15 = 45 かち

⑥ 70 − 56 = 14

4 どこの数字カードから見たい？

4枚の数字カードをあえて1枚ずつ見せ，「どこの数字カードから見たい？」と投げかける。子どもたちの目の付け所を確認するのである。勝敗の結果を早く知りたい子は「十の位から見たい」と言うし，ゲームとしての楽しさを考えている子は「一の位から」と言う。ここでは，繰り下がりに着目させるために一の位から見せていくと，どれも繰り下がりがあることに気付く。選んでいる数字カードの数に目が向かう。

まとめ

どのグループも公平に行っていることを確認する意味からも，それぞれの場所に置く数字カードを見せて，ゲームを再開する。子どもは，答えの大小で一喜一憂しながら，繰り下がりのあるひき算の計算の仕方を口で喋りながら習熟を図っていく。

同時に，「答えが一番大きくなるのはどんなときなんだろう？」という新たな問題意識を持つ子どもも現れてくる。

本時案

答えが一番大きくなるのは？

7/13

本時の目標

・選んだ数字カードを当てはめてできる繰り下がりのある「２位数－２位数」のひき算の答えが一番大きくなる場合を検討する中で，ひき算の筆算の仕組みを見直すことができる。

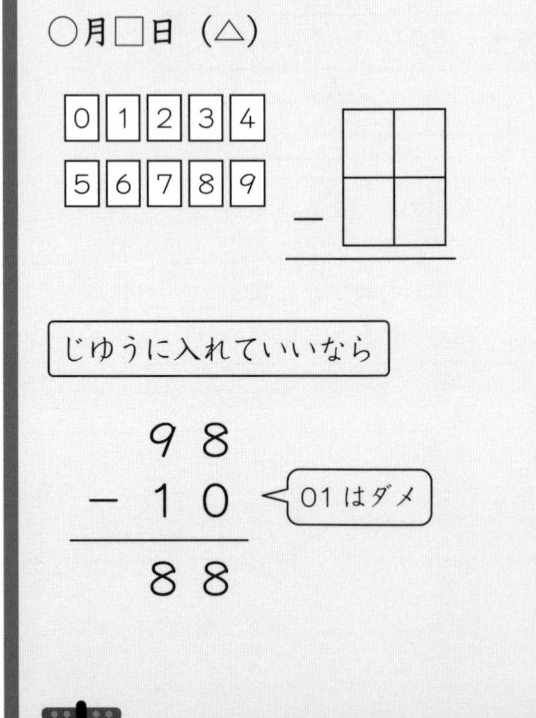

授業の流れ

答えが一番大きくなるのは？

数字カードは1枚ずつだから同じ数は使えない

□□
－□□

前時の最後に子どもが抱いた問題意識をもとに，本時の授業を行う。子どもの問題意識は，数字カードを当てはめてひき算の筆算を行った場合に，答えが一番大きくなるのはどのような数のときかというものである。

その問題意識の意味を確認するために，最初は，0，1，2，3，4，5，6，7，8，9の数字カードを上の□の中に自由に入れる場合を考えてみる。

全員に試行錯誤して検討させる活動を設定し，問題意識の意味を共有させる。

2　98－10の答えが一番大きい！

子どもたちは，個々に0～9の数字カードを使ってひき算の筆算をつくり計算していく。与えられた数値の計算を処理するのではなく，目的を持って自分で数値を決めて計算することに意味がある。だからこそ，子どもは自ずと「引かれる数は大きくして，引く数を小さくすると答えが大きくなる」という原理にも目が向かう。そして，「98－10」の答えが一番大きくなることに気付く。なお，「01」はダメだということにする。

3　前時の数字カードだったら？

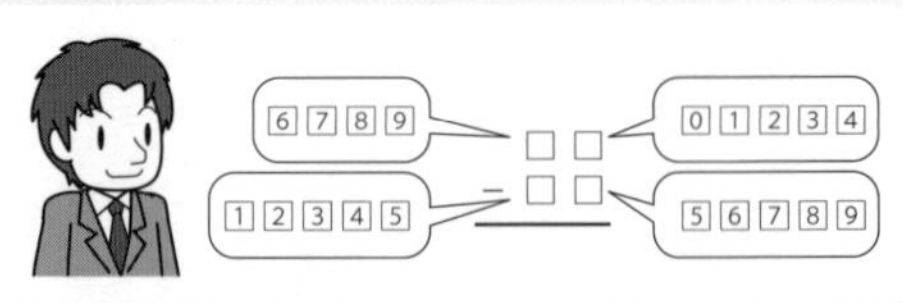

いよいよ本題である。前時の数字カードの場合について考える。

数字カードを使って考えてもよいが，手元に２組用意していないので，念頭で考えることも必要となる。

本時の評価

・繰り下がりの処理の仕方に気を付けて，自分で決めた数値の「2位数－2位数」の繰り下がりのあるひき算の計算をすることができたか。
・ひき算の筆算の答えを大きくする方法を考えることができたか。

準備物

・0～9の数字カード（掲示用・児童用）

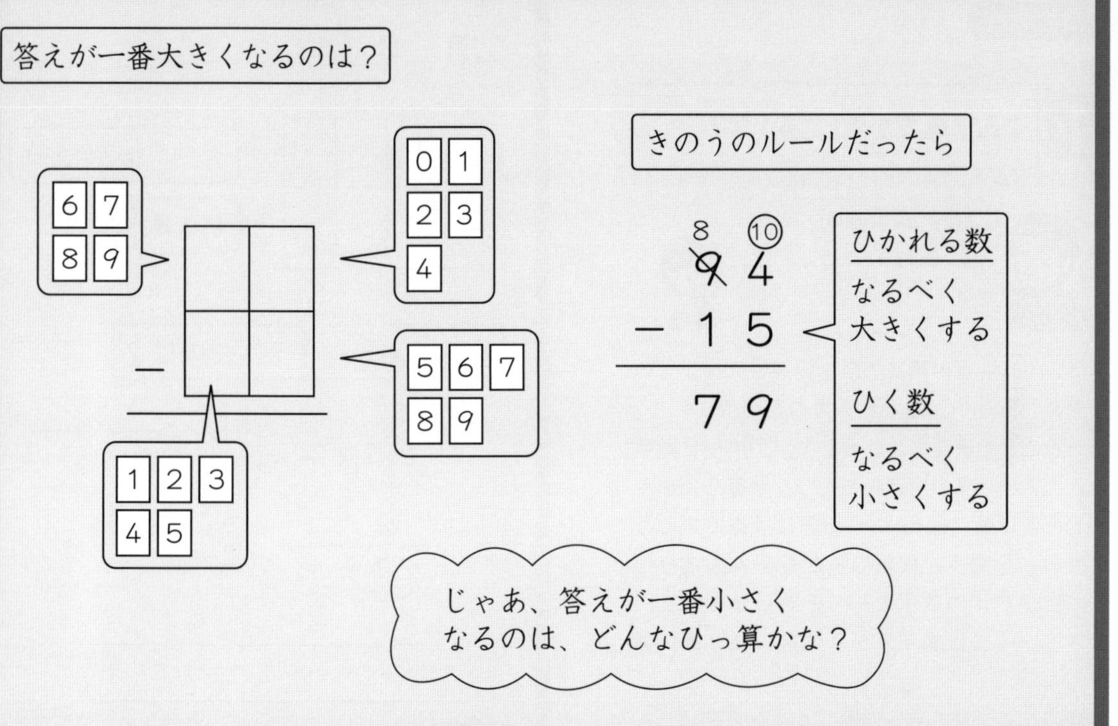

答えが一番大きくなるのは？
6 7
8 9
0 1
2 3
4
5 6 7
8 9
1 2 3
4 5
きのうのルールだったら
8 ⑩
9 4
－ 1 5
7 9
ひかれる数
なるべく
大きくする
ひく数
なるべく
小さくする
じゃあ、答えが一番小さく
なるのは、どんなひっ算かな？

4 同じ考えでできる?

答えが一番大きくなる筆算を考えている子どもから，「同じ考えでできる」という声が届く。どういうことか確認すると，最初の0～9の数字カードを使った場合と同じだというのである。つまり，引かれる数はなるべく大きくして，引く数はなるべく小さくすればよいというのである。結果的に「94－15」で，最大の答えは79だったということが見えてくる。

まとめ

じゃあ，答えが一番小さくなるのはどんなときなんだろう?

答えを一番大きくする考え方を整理すると，「答えが一番小さくなるのは？」という問題意識を持つ子どもも現れてくる。

問題意識が連続して現れていることを大いに称賛し，算数で考えることに終わりがないという見方を意識させる。

本時案

こんな筆算がつくれるかな？

8/13

本時の目標

・被減数の百の位に１が書かれたひき算の筆算の計算をする中で，十の位と一の位の数値によって百の位の計算処理の仕方が変わることを理解し，正しく計算することができる。

授業の流れ

1 こんな筆算がつくれるかな？

引かれる数の百の位に「１」がある

1 □ □
− □ □

導入で，右上の筆算の形を提示し，今までのひき算とは違い，引かれる数の百の位に「１」があることを確認する。そして，□の中に数字を入れてひき算の問題をつくり，計算していくことを告げる。最初は，「簡単に計算できそうなもの」を問う。代表の子どもを４人選び，一人に１枚ずつ数字カードを貼らせていく。でき上がるのは繰り下がりのないひき算である。

安心して計算できる問題づくりから始めることで，筆算形式の捉え方を全体で確認し，何が問題となるのか意識させる共通土台とする。

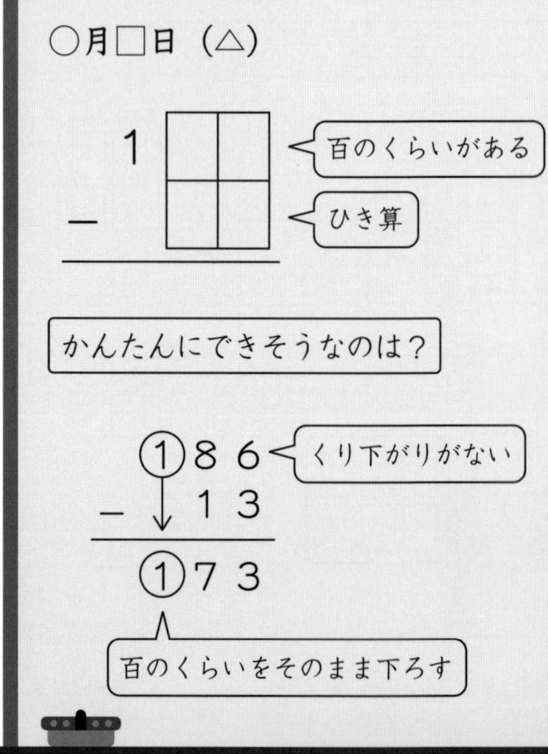
○月□日（△）
1
−
百のくらいがある
ひき算
かんたんにできそうなのは？
①86
− 13
①73
くり下がりがない
百のくらいをそのまま下ろす

2 答えの百の位の１は，いつもそのまま下に書けばいいのかな？

十の位と一の位に繰り下がりのない計算では，百の位の１がそのまま答えの百の位に下りてくる。それを「簡単だ」と感じている子どもたちに，「百の位の１はいつもそのまま下に書けばいいのかな？」と問う。すると，子どもは答えの百の位に「１が書けない場合がある」と言うので，その例をノートに書かせてみる。

3 例えば，128−74だったら？

先ほどと同じように代表の子どもを４人選び，一人に１枚ずつ数字カードを貼らせて，答えの百の位に１がない計算をつくってみる。カードを１枚ずつ貼るたびにまわりの子どもからいろいろな反応が現れる。そして，例えば「128−74」ができ上がると，百の位に１がない理由を確認する。十の位の「２−７」ができないので百の位から１繰り下げ「12−７」をすればよいという話になる。

本時の評価

・被減数の百の位から繰り下がりがある場合とない場合のひき算の筆算の違いに気付き，それぞれの計算方法を説明することができたか。
・被減数の百の位から十の位へ，そして十の位から一の位へそれぞれ繰り下がりがある場合の計算の仕方を理解し，正しく計算することができたか。

準備物

・おはじき
・１～９の数字カード（掲示用）

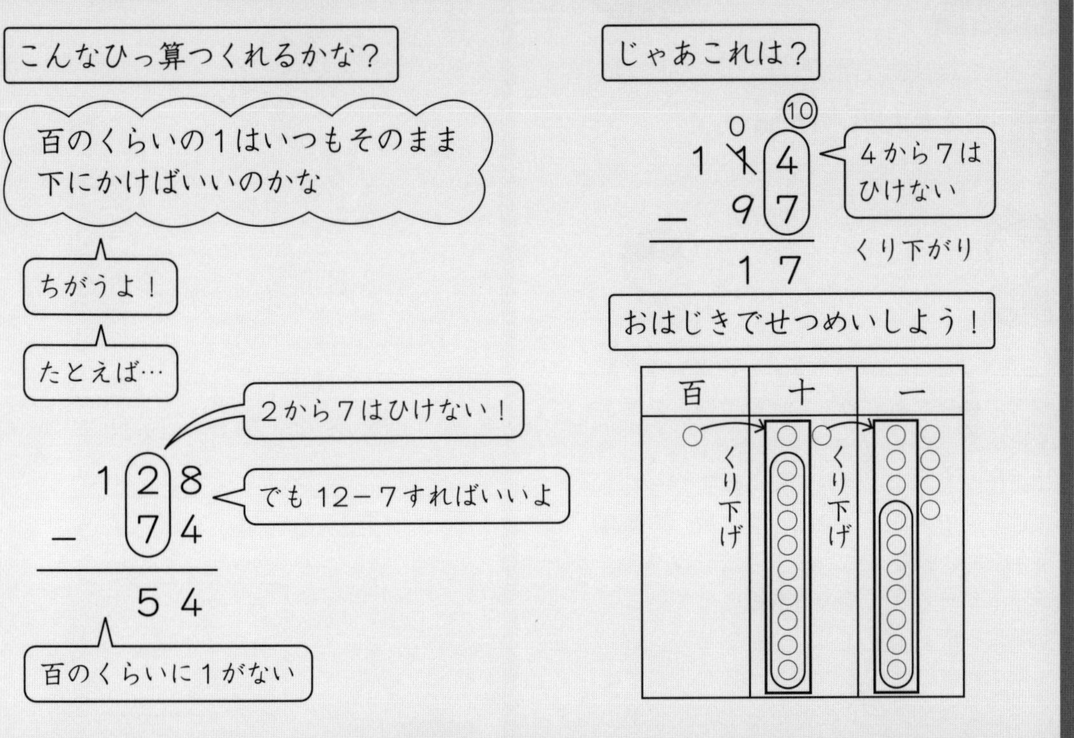

4 じゃあ，これは？

百の位の１を十の位に繰り下げて計算する場合には，答えの百の位に１がなくなることがはっきりしたところで，「この形の筆算の計算はもう大丈夫だね」と確認してみる。すると，「じゃあ，これは？」と自信のない計算を示す子どもがいる。

素直な自分の困り感を表出できることにこそ価値があるということを伝え，称賛する。そして，全員の問題として取り上げていく。

まとめ

例えば，「114−97」を示した場合，その子が困っている理由として，十の位も一の位も引けないことを確認させる。そして，おはじきを使って説明させる。百の位，十の位，一の位と分けた位取り板の上におはじきを置き，そこから97を引く手順を考え説明していく中で，十の位から一の位へ，そして百の位から十の位へ繰り下げる計算方法を確認する。

本時案

答えが大きい方が勝ち！②

9/13

本時の目標

・1，2，3，4，5の数字カードを当てはめてできる「3位数－2位数」の筆算の答えを求めていく中で，計算技能の習熟を図るとともに，計算に対する問題意識を深めることができる。

授業の流れ

1 答えが大きい方が勝ち②！

今回は1 2 3 4 5の数字カードを当てはめるのか…

□□□
－□□

「答えが大きい方が勝ち②」と板書する。第6時での体験があるので，計算で答えの大きさを比べるイメージが共有される。ただし，本時では1，2，3，4，5の数字カードを当てはめてできる「3位数－2位数」の筆算の答えの大小を比べること，そして，クラスを2チームに分けて，その対抗戦としていることが前回と違う。

1回の勝負ごとに各チームから5人ずつ出て，5枚の数字カードの中から1人1枚ずつ選び，筆算の□の中に貼る。そして，できた筆算の答えの大小で勝負する。

○月□日（△）

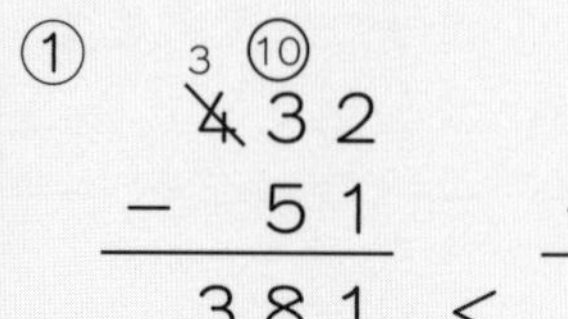

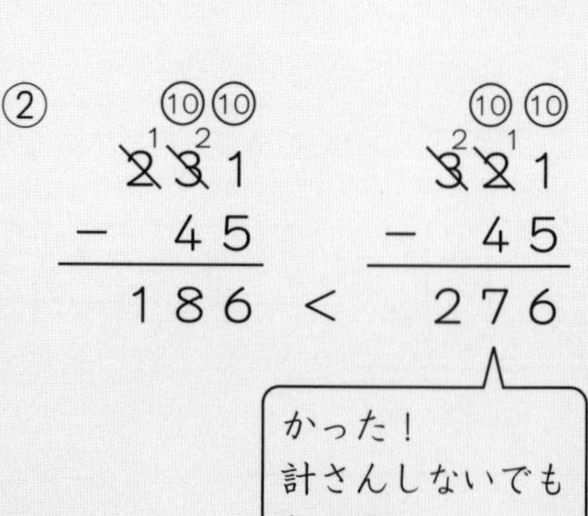

2 どこから見ようかな？

1回戦。5枚貼り終えたところで，「どの数字カードから見ようかな？」と問い，子どもの筆算に対する見方を確かめる。「一の位がいい」という声が多い。「百の位からだと勝敗がすぐに分かるので面白くない」と言う。十進位取り記数法の意味が分かっている見方である。そこで，一の位から順に双方チームの数字カードの数を確かめていく。数が分かるたびに子どもたちは賑やかになる。

3 繰り下がりに気を付けて！

数字が分かると，早速計算し始める。ただし，数値によっては，計算する前に「勝った」「負けた」という反応が見られる。そこで，「どうして計算しなくても（勝敗が）分かったの？」と聞くと，「百の位で分かる」と言い，「もし繰り下がりがあっても，1しか小さくならないから」と付け足す。逆に，微妙な場合は，繰り下がりに気を付けて計算しなければならないということが意識される。

本時の評価

・[1], [2], [3], [4], [5]の数字カードを当てはめてできる「3位数―2位数」の筆算の答えを正しく求めることができたか。
・この条件下でのひき算の答えの範囲について問題意識を持ち，考えることができたか。

準備物

・1～5の数字カード（掲示用）

こたえが大きい方がかち②

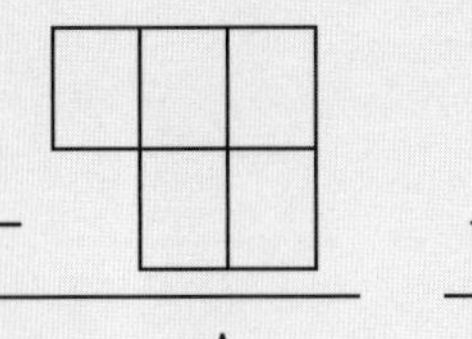
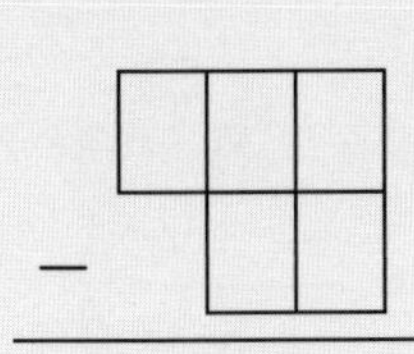
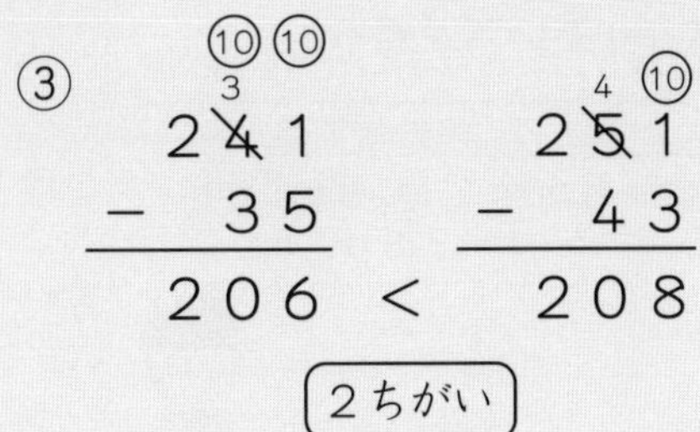

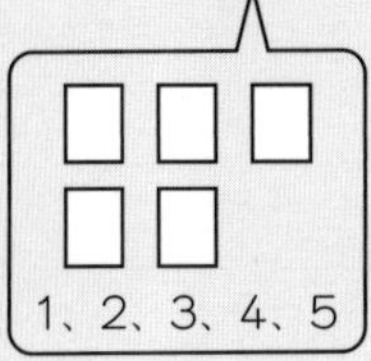

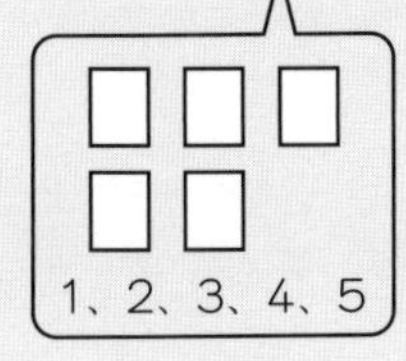

やっぱりぜったいにまけないひっ算がある！

・5人が数字カードを1まいずつ引いてうらがえしたままはる。
・カードをめくってひき算する。
・答えの大きい方がかち。

543
－ 12
531

じゃあ答えが小さくなるのは？

4 1回戦，2回戦，3回戦…

1回戦，2回戦，3回戦…と勝敗がかかったひき算の筆算を計算することを通して，子どもは各位の数字カードの数値を意識するようになる。そして，十の位から一の位へ，百の位から十の位へ繰り下がりのあるひき算の計算処理の練習となっていく。

[1], [2], [3], [4], [5]に絞ったことで，同じ数で繰り下がりの処理をする回数が増える。結果として処理の仕方に対する理解が深まる。

まとめ

大きい数ー小さい数になるはずだから…

答えの大小で勝敗を決めたことで，子どもは，「やっぱり絶対に負けない筆算があると思う」と言い始める。

また，逆に「絶対勝てない（答えが一番小さくなる）筆算は？」という新たな問題意識も生まれてくる。

本時案

答えが小さい方が勝ち！

10/13

本時の目標

・「3位数－2位数」の筆算の答えが小さくなる数字カードの入れ方を考えていく中で，計算技能の習熟を図るとともに，ひき算に対する問題意識を深めることができる。

○月□日（△）

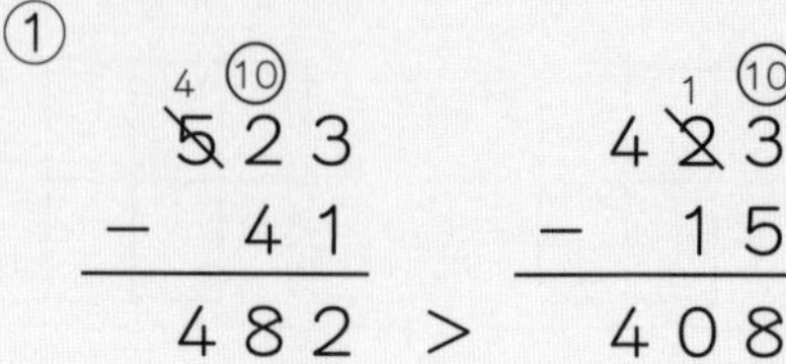

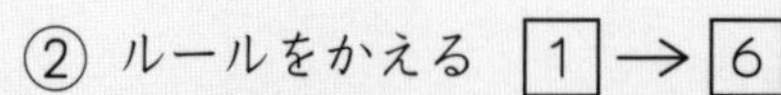

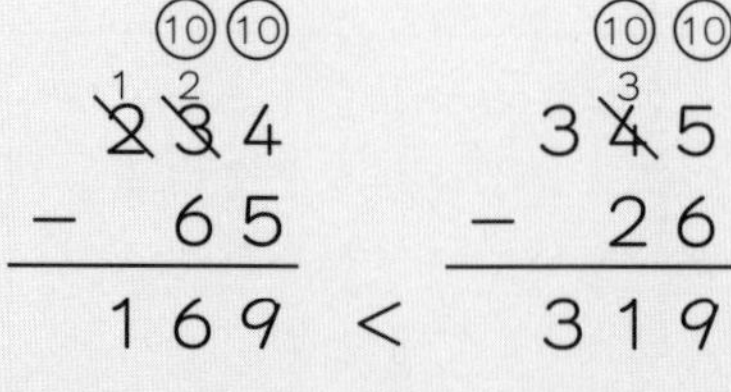

授業の流れ

1 答えが小さい方が勝ち！

「答えが小さい方が勝ち」と板書し，前時のように右上のような□抜きの「3位数－2位数」のひき算の筆算を提示する。前時の終わりに生まれていた子どもの問題意識を引き継いでいる。ただ，前時の体験があるので最初から「絶対に負けないひき算が分かる」と言う子も現れる。そこで，まず試しに1，2，3，4，5の数字カードを使って前時のチームで勝負してみる。前時との違いは答えが小さい方が勝つということである。やはり，前時の体験から「計算しなくても勝ちが分かる」とか「百の位で勝敗が分かる」と言う。

2 絶対に負けないひき算が分かる

123
− 54
69
小さな3桁の数－大きな2桁の数にすればいい

そこで，焦点を「絶対に負けない筆算」に絞る。まず，前時の体験をもとに自分なりに考えさせる。今回は小さくなった方が勝ちなので，前時とは見方を変えなければならない。しかし，答えが大きくなる場合の考え方を適用しようとする子どもが多い。

3 カードの種類を変えてみよう！

答えが小さくなるひき算がはっきりしたところで，ルールを変える。使用する数字カードを2，3，4，5，6の5枚に変えるのである。

しかし，単なるゲームとしての勝敗よりもこの場合の「絶対に負けない筆算」を見つけることに興味を示す子どもが多い。

本時の評価

・5枚の数字カードを当てはめてできる「3位数—2位数」の筆算の答えを小さくする方法について，自分なりに考えることができたか。
・数字カードの種類を変えて答えが小さくなるひき算を考えていく中で新たな問題意識を持つことができたか。

準備物

・1～9の数字カード（掲示用）

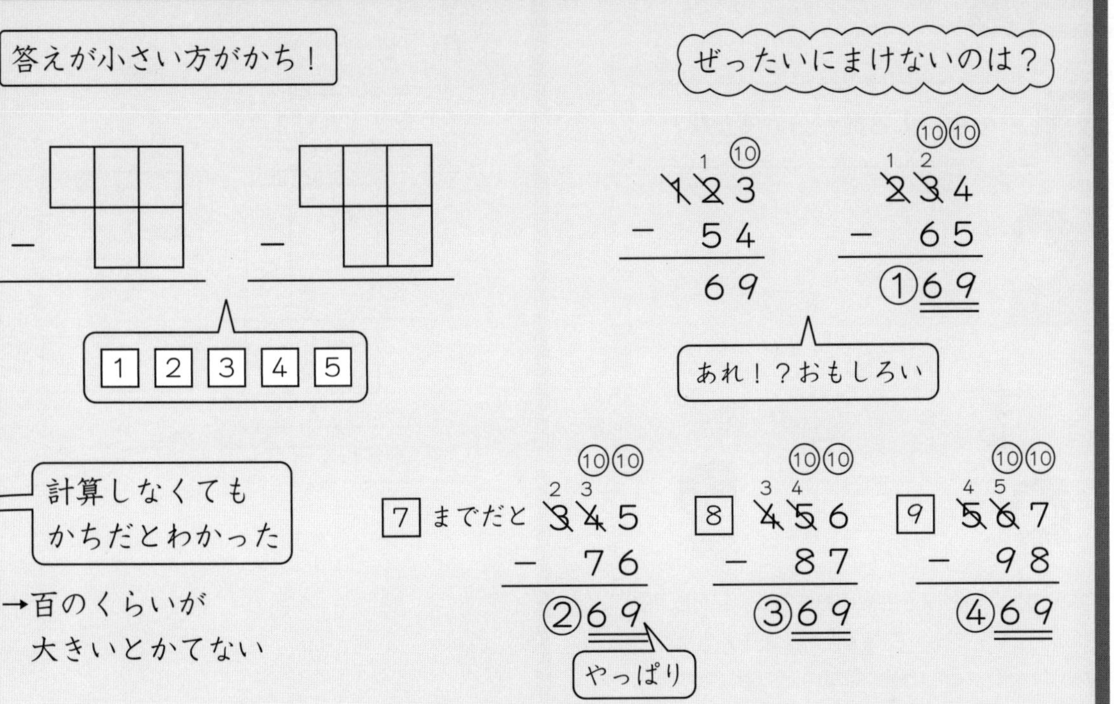
答えが小さい方がかち！
ぜったいにまけないのは？
1 2 3 4 5
123 − 54 = 69
234 − 65 = ①69
あれ！？おもしろい
計算しなくても かちだとわかった
→百のくらいが 大きいとかてない
7までだと 345 − 76 = ②69
やっぱり
8 456 − 87 = ③69
9 567 − 98 = ④69

4 あれ? 面白い!

2，3，4，5，6の5枚の場合，子どもは「234−65」の答えが一番小さくなるはずだと考え，計算した。すると，口々に「あれ？ 面白い！」と言い始める。「十の位と一の位が69で同じ」だと言う。

さらに，「だったら，3，4，5，6，7の場合はどうなるんだろう？」という発展的な考えも現れる。試してみると，「345−76＝269」。子どもから再び驚きの声が上がる。

まとめ

子どもの追究は止まらない。4，5，6，7，8の場合は「456−87＝369」，5，6，7，8，9の場合は「567−98＝469」と答えの数字が並ぶことをきれいだと感じる。同時に「どうしてそうなるのだろう？」と思う子もいる。

ひき算をしているだけだと思っている子どもは，同じ69がずっと繰り返されること自体を面白がり，感動したのである。

本時案

虫食い算に挑戦！

本時の目標

・ひき算の虫食い算の□に入る数を考えていく中で，それぞれの位の被減数，減数，答えの関係を意識し，筋道立てて数値を決めることができる。

授業の流れ

1 □の中に入る数が分かるかな？

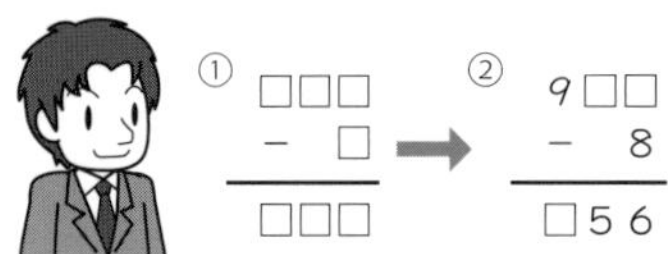

一の位…　6+8=1[4]　　1[4]−8=6
十の位…　そのまま5じゃない
　　　　　繰り下がりの1があるから[6]
百の位…　そのまま下りるだけ

③ 9[6][4] − 8 [9]56

本時では，いわゆる虫食い算を扱う。しかし，虫食い算として完成した問題をそのまま子どもに与えるのではなく，①の状態の筆算の□の中に数字カード１枚ずつ置いていきながら「□の中に入る数が分かるかな」と問うていく。そして，②の状態まで進むと，「分かるところがある」と言い始める。

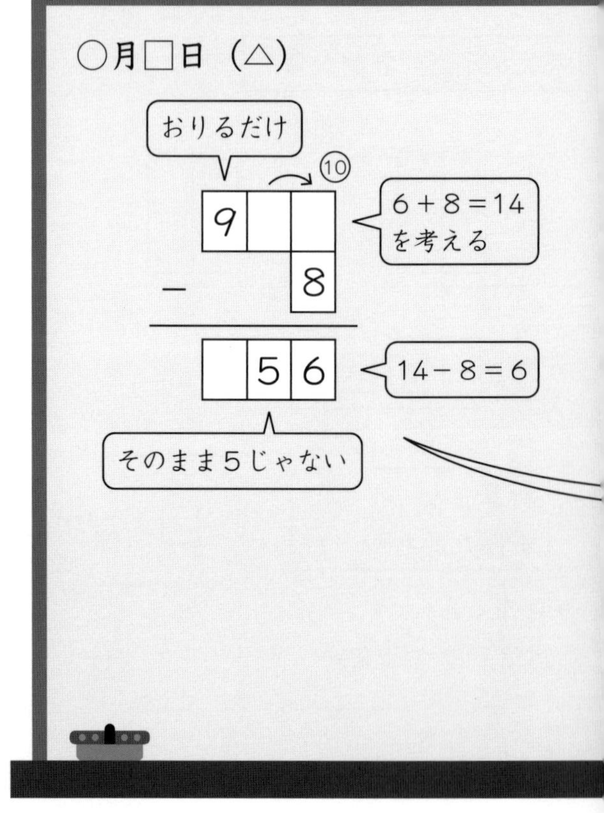

2 虫食い算と言います

どこに数字カードを入れようかな？
何個の数字カードを入れようかな？

① □□□ − □□ □□□

「このように，□に入る数を見つける問題を虫食い算と言います」と伝える。そして，少しレベルアップすることを告げて，上の①の「３位数−２位数」の枠を示す。

3 ３つだけでは分からない！

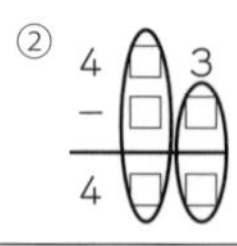

一の位も十の位もいろいろな数が
入れられるから１つに決められない！

まず，上の②の筆算のように３つの数を入れる。子どもは，「３つだけでは分からない！」と言って，上のように理由を説明する。

本時の評価

・ひき算の虫食い算の□の数を決めることを通して，それぞれの位の被減数，減数，答えの関係を意識することができたか。
・それぞれの位の被減数，減数，答えの関係をもとにして，筋道立てて□の数を決めることができたか。

準備物

・０～９の数字カード（掲示用）

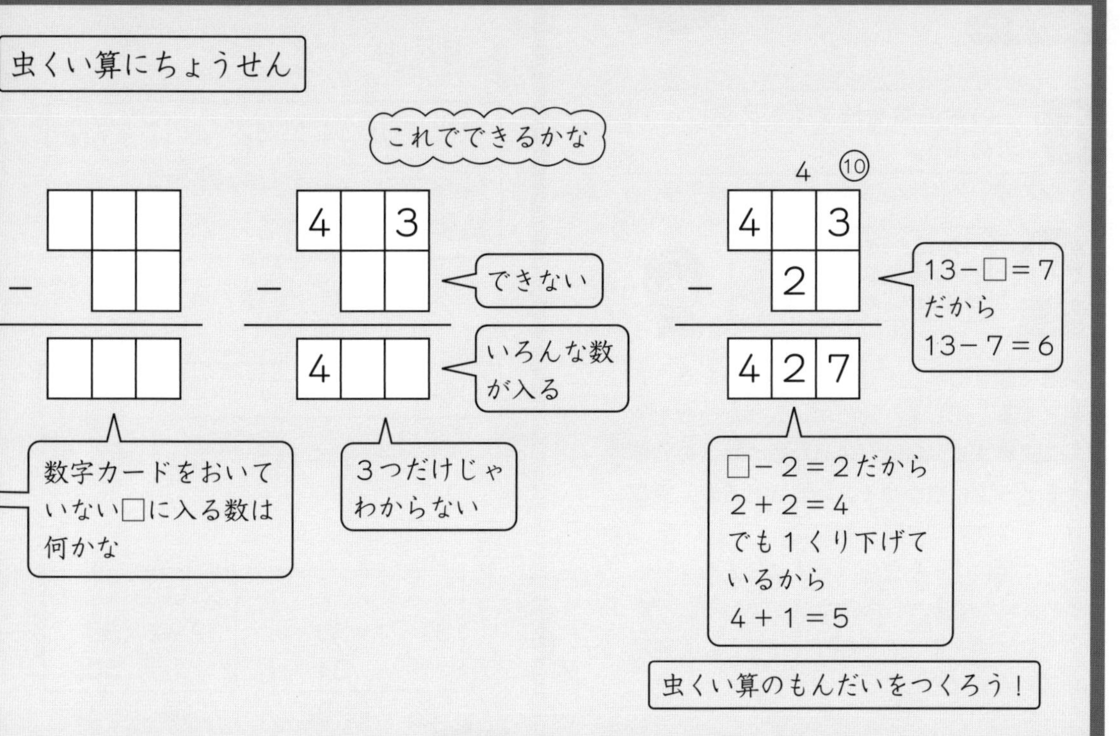

虫くい算にちょうせん
これでできるかな
できない
いろんな数が入る
数字カードをおいていない□に入る数は何かな
３つだけじゃわからない
4 ⑩
13－□＝7
だから
13－7＝6
□－2＝2だから
2＋2＝4
でも１くり下げているから
4＋1＝5
虫くい算のもんだいをつくろう！

4 これならできる！

③ 4□3
－2□
427

一の位…7＋□＝3?
7＋□＝13　だから6
十の位…□－2＝2　だから4?じゃない!
繰り下がりの1があるから5

④ 453
－26
427

上の③の状態まで数字カードを入れると，「分かる」と言う。

まとめ

虫食い算では，位ごとに引かれる数，引く数，答えを見ていくと，□の中の数が決まるが，情報が少なすぎると□の中は１つに決まらない。このことを確認した後で，子どもたちに虫食い算の問題をつくらせる。

虫食い算の仕組みは，問題を解くだけではなく，子ども自らが問題をつくることで見えてくる。オープンエンドな終わり方も有効である。

本時案

□の数が変わっても同じことがある！①

12/13

本時の目標

・ひき算の被減数と減数，答えの関係を，具体的な数の式，言葉の式に表すことやテープ図に表すことを通して，たしかめ算としてたし算が使えることを理解する。

○月□日（△）

教室に子どもが 32 人いました。
□人が外にあそびに行きました。
教室には何人のこっていますか。

□の中が何人だったらかんたん？

しきにあらわしてみよう！

1人 32－1＝31 31 人	2人 32－2＝30 30 人
31＋1＝32	30＋2＝32

授業の流れ

1 □の中の数を決めて答えを求めよう。

教室に子どもが 32 人いました。
□人が外にあそびに行きました。
教室には何人のこっていますか。

問題場面を提示し，ひき算の場面であることを確認する。そして，□の中に入れたい数を子どもに決めさせ，自分が決めた数の場合の式と答えをノートに書かせる。発表させると，黒板にはいくつかの式と答えが並ぶ。

個々に具体的な数値を決めて式に表し，答えを求めさせることで，多様な式が現れる。それらの中に共通することと違っていることを帰納的に導き出し確認していく。

2 どの式も同じことがあるね！

黒板に並んだ複数の式と答えを見比べて，「同じことがあるね」と言う。子どもは，「32が同じ」「ひき算が同じ」だと言う。逆に，式によって「引く数」と「答え」が違うことも明らかになる。そこで，32が同じ理由を確認すると，もともと教室にいた32人という人数は変わらないということが意識される。逆に，外に行く人数が変われば残りの人数も変わることがはっきりする。

3 言葉の式と図に表してみよう！

教室の人数－外に行った人数＝残りの人数

テープ全体が教室の人数だから，外に行った人数も残りの人数もこの中にあるね

問題場面を表すひき算の数値の意味が言葉で表現されたところで，問題場面を言葉の式とテープ図で整理する。

本時の評価

・ひき算の被減数，減数，答えの関係を，具体的な問題場面の言葉の式で整理することができたか。
・ひき算の答えのたしかめ算として，たし算が使えることを言葉の式を使って説明することができたか。

どれも同じことがある！ ⇒ 教室の人数－外に行った人数＝のこりの人数

たしかめ算

外に行った人数＋のこりの人数＝教室の人数 ⟺ ひく数＋答え＝ひかれる数

のこりの人数＋外に行った人数＝教室の人数 ⟺ 答え＋ひく数＝ひかれる数

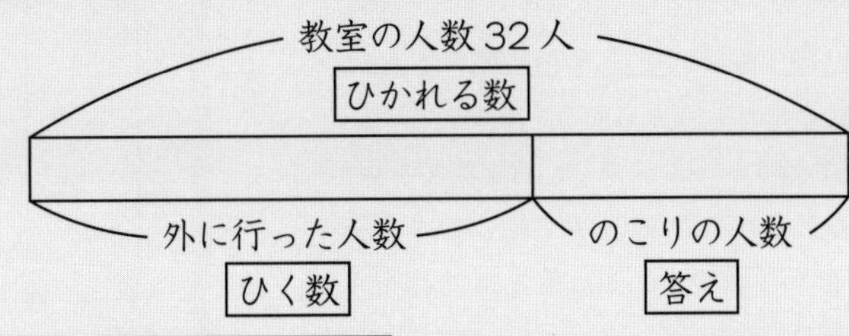

10 人
32－10＝22
22 人
22＋10＝32

12 人
32－12＝20
20 人
20＋12＝32

20 人
32－20＝12
12 人
12＋20＝32

では 15 人外に行ったら
32－15＝17　17＋15＝㉜
まちがいない！

4 たし算にも見える！

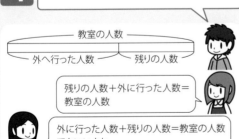

教室の人数
外へ行った人数　残りの人数

残りの人数＋外に行った人数＝教室の人数

外に行った人数＋残りの人数＝教室の人数でもいいよね

ひき算の問題場面がテープ図に表されることを確認し，子どもにもノートに書かせると，「たし算にも見える」という声が現れる。

まとめ

「教室の人数－外に行った人数＝残りの人数」
「残りの人数＋外に行った人数＝教室の人数」
言葉の順番が反対になっている

ひき算の答えが正しいかどうか，たし算で確かめることができます。これを「たしかめ算」と言います

ひき算の問題場面をテープ図に表した結果，そこからたし算の式が見えてきたことを確認し，言葉の式でノートに整理する。そして，テープ図を使ってそのたし算の式の意味を２人組で説明し合う。

本時案

□の数が変わっても同じことがある！② 13/13

本時の目標

・「2位数＋1位数」や「2位数－1位数」の計算を，被加数と加数，被減数と減数のいずれかを分解して捉えることで，筆算を使わずに計算することができる。

授業の流れ

1 筆算を使わずにたし算の計算をしよう！

繰り上がりがないから簡単だ！

導入では，どの子も安心して参加できるように繰り上がりのないたし算から扱う。1，2，3，4の4枚の数字カードが入っている封筒①を提示し，その中から3枚のカードを引き出して「□□＋□」に当てはめて暗算させる。例えば「23＋4」であれば，繰り上がりがないので27だと分かる。

本時では，表面的には暗算ができることを目指すが，大事なことは，数を分解したり操作したりする見方の獲得である。これは，繰り上がりのあるたし算や繰り下がりのあるひき算の暗算で効果的に機能する。そのため，予め繰り上がりのないたし算を体験させ，後で対比させるようにする。

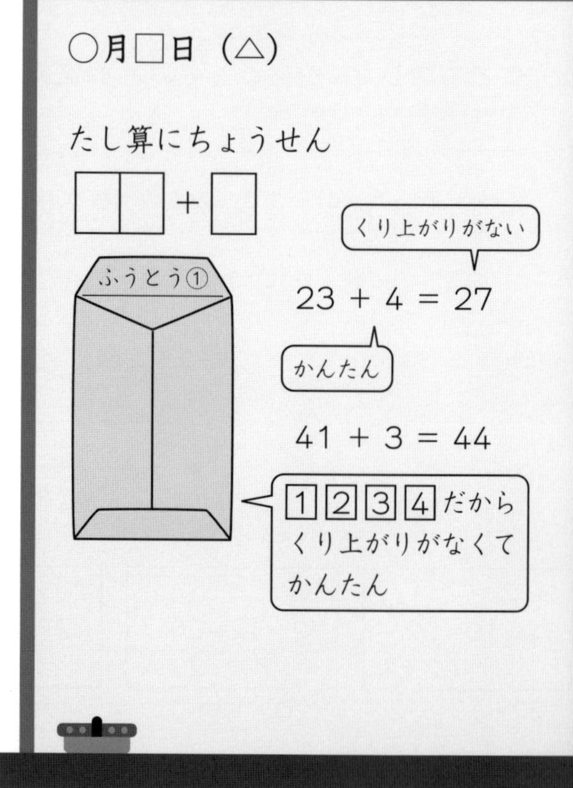
○月□日（△）
たし算にちょうせん
□□＋□
ふうとう①
くり上がりがない
23 ＋ 4 ＝ 27
かんたん
41 ＋ 3 ＝ 44
1 2 3 4 だから
くり上がりがなくて
かんたん

2 別の封筒にします

6，7，8，9の4枚の数字カードが入った封筒②を提示する。今回は必ず繰り上がりのあるたし算になる。

例えば「76＋8」。2人組でお互いに自分の計算の仕方を説明させると76を70と6に分けて，「6＋8＝14」「70＋14＝84」と考えていた子どもが多い。結局，筆算を頭の中でやっているのである。

3 数を分けて計算しているんだね

76を70と6に分けた数を分解する見方を価値づけると，「計算を楽にする数の分け方は70と6だけかな？」と揺さぶる。すると，「8も分けられる」という声が上がる。「4と4に分けて，76＋4＝80，80＋4＝84」という考えである。さらに，「76を74と2に分けてもいい」という考えも現れる。この子は「2＋8＝10，74＋10＝84」と考えている。

本時の評価

・被加数や加数を分解して捉えることで，筆算を使わずに計算することができたか。
・被減数や減数を分解して捉えることで，筆算を使わずに計算することができたか。

準備物

・封筒
・１～９の数字カード（掲示用）

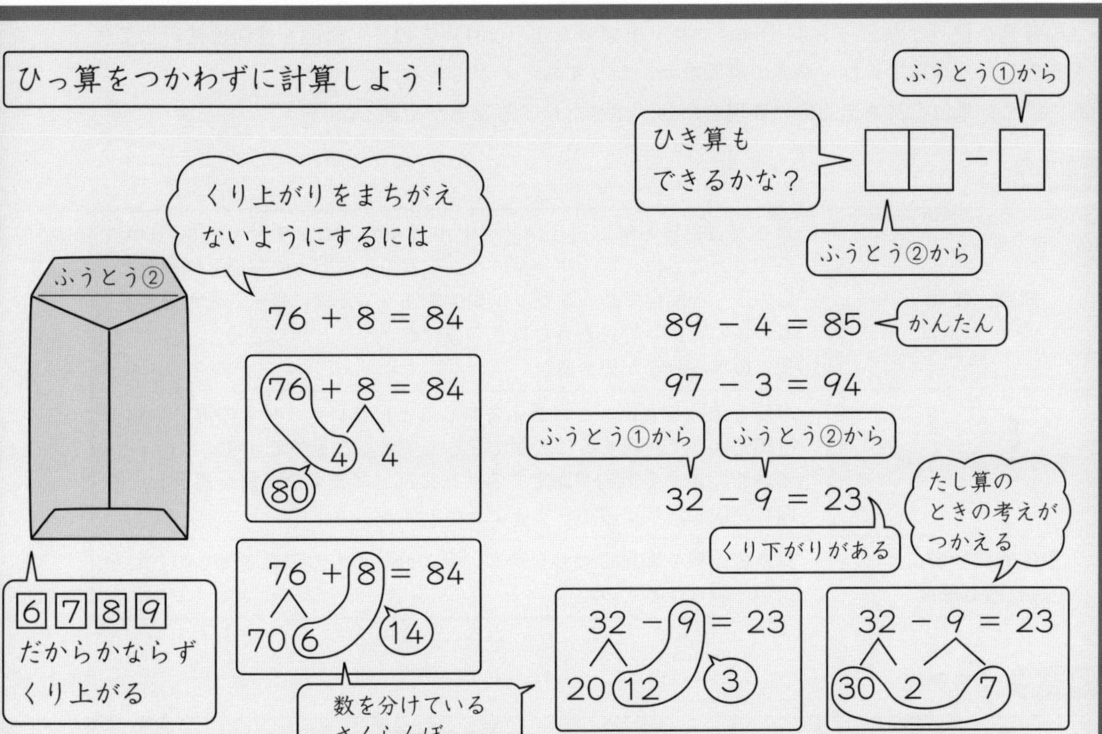

4 ひき算でもできるのかな？

32−９だったら，９は２と７
32−２＝30，30−７＝23

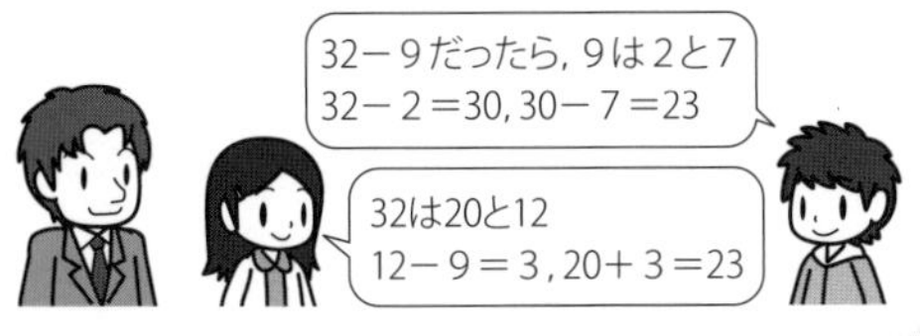

32は20と12
12−９＝３，20＋３＝23

次はひき算に挑戦する。最初は「□□−□」の被減数には封筒②から，減数は封筒①から選ぶ。次に，封筒を変える。被減数は封筒①から，減数は封筒②から選ぶようにすると必ず繰り下がりのあるひき算になる。

まとめ

数を分けて，何十という数をつくると筆算しなくても計算できるね
「計算の工夫」と言います

繰り上がりのあるたし算や繰り下がりのあるひき算も，筆算を使わなくても計算できるということを確認し，本時で用いた考えを「計算の工夫」ということを伝える。

長さ　8時間扱い

単元の目標

・長さの普遍単位（ミリメートル（mm），センチメートル（cm））を知り，単位を適切に選択して長さを測定したり，指定された長さの直線をかいたりすることができる。
・目的に応じた単位で長さを的確に表現したり，比べたりすることができる。

評価規準

知識・技能	○長さを表す普遍単位（ミリメートル（mm），センチメートル（cm））を知るとともに，「1 cm ＝10mm」などの単位同士の関係を理解する。 ○ものさしを用いて長さを測り，単位を使って正確に表すことができる。 ○ものさしを用いて決まった長さの直線をかくことができる。 ○長さの加減計算ができる。
思考・判断・表現	○単位を決めると長さが数値化されることに気付き，長さの違いや和も計算によって表現することができると考えることができる。 ○長さを測定する目的や測定する対象に応じて適切な単位を選択し，的確に表現したり比べたりすることができる。
主体的に学習に取り組む態度	○長さの比較や測定に関心を持ち，身の回りのものの長さをものさしを用いて測ろうとする。

指導計画　全8時間

次	時	主な学習活動
第1次 長さの比べ方と表し方	1	粘土でつくったへびの長さを直接，間接，任意単位による比較方法などで比べる。
	2	共通の単位を決め，長さを数値化して比べる。
第2次 長さの普遍単位	3	1 cm（センチメートル）の単位を知り，それを使って長さを表す。
	4	1 mm（ミリメートル）の単位を知り，それを使ってはしたの長さを表す。
	5	cm と mm の単位を使って身の回りのものの長さを表す。
	6	ものさしを使って決められた長さの直線をかく。
第3次 長さの計算	7	決められた長さの直線をつなげてかいたへびの長さを，たし算を使って表す。
	8	cm と mm が混在した長さのたし算とひき算の仕方を考え，正確に計算する。

単元の基礎・基本と見方・考え方

(1)長さの単位と測定

子どもは，第１学年の「長さ」の学習で，直接比較，間接比較，任意単位による測定の考えを体験した。第２学年では，長さの普遍単位を用いることの必要性に気付かせ，単位の意味について理解させるとともに，それを用いて正しく測定できるようになることをねらう。また，身の回りのものの特徴に着目し，目的に応じて適切な単位を選択して長さを的確に表現したり比べたりすることができるようになることもねらいの一つである。

ところで，本単元の大事な指導内容である単位とは，測定のために用いるもと，すなわち「１」になる大きさのことを指す。また，測定とは，その単位を「１」として，対象となるものの長さを数値化することである。長さの場合，ミリメートル（mm），センチメートル（cm）という普遍単位があることを指導し，それらを基準として正しく数値化する測定活動を行っていく。また，普遍単位の指導場面では，１ミリメートル（mm）は，１センチメートル（cm）を10等分した１つ分の単位である，言い換えれば「１cm＝10mm」という関係であることなど，単位のはしたの処理に関連して，ミリ（m），センチ（c）などの単位の接頭語にも着目させ，単位の表現の仕方や意味について理解できるように配慮していくことも大事にしたい。

また，実際にものの長さをものさしなどで測定する場面では，ものさしの目盛りの仕組みについても着目し，ミリメートル（mm）とセンチメートル（cm）の関係を具体的に理解できるようにする。ものさしは，子どもにとっては初めて用いる計器であり，他の量を測定する基礎となる体験となるものでもあるので正しく測定できるようにしなければならない。

(2)長さの見当と適切な単位

長さの測定をする際には，身の回りのものの大きさがだいたいどのくらいの大きさかを知っていると，そのものの大きさを手掛かりに，およその大きさの見当を付けることができる。そのため，実際に身の回りの具体物の長さを測定する機会を保障し，長さの感覚を養うことを大事にしたい。

また，長さの感覚が備わることで，測定するものや測定の目的に応じて，適切な長さの単位が選択できるようになり，正確に測定できるようになってくる。例えば，教科書の厚さは「mm」，ノートの縦の長さは「cm」を用いることが適当であるが，それぞれ逆の単位を使って測定すると，１より小さくなったり，数値が大きくなりすぎて大きさを捉えるのが難しくなる。

いろいろなものの長さを測定する体験の豊かさが，測定する対象や目的に応じた単位での測定の的確さを確かなものにしていく。

(3)具体的な操作体験と思考・判断・表現

ものさしを使って直線を作図する場面で，例えば異なる長さの直線を２本，３本とつなげてかく活動を設定し，その後で長さのたし算やひき算を扱う指導計画とする。子どもは，長さには量の保存性があり，長さにもたし算が適用できるということを実感する。長さの計算処理の仕方にだけ焦点を当てるのではなく，子どもの数学的に考える見方・考え方を引き出すような体験を保障することで，子どもの思考力・判断力・表現力を伸ばしていく。

本時案

誰のへびが長いかな？

本時の目標

・長さを比べる場面で，直接比較，間接比較，任意単位による比較の方法を用いることができるということを再確認し，任意単位による比較のよさを理解することができる。

授業の流れ

1 粘土でへびをつくろう！

導入で「粘土でへびをつくろう」と投げかけ，あえて少量の粘土を配布する。

少量であれば，長いへびをつくろうとすると細くなり，切れやすくなる。結果的に，直接比較をしにくい状況となる。本時では，任意単位による比較のアイデアを引き出すことにねらいがあるので，あえてへびを移動できない状況とするのである。

子どもたちには制限時間３分でへびをつくらせる。子どもは粘土で楽しそうにヘビをつくっていく。

○月□日（△）

ねんどでへびをつくろう！

だれのへびが長いかな？

どうやってくらべよう？

１年生のときにも長さをくらべたね

はっきりしない

１年生の「長さくらべ」の経験と関連付けながら比べ方を考えさせる。

2 誰のへびが長いかな？

すぐに分かるへびもあるけど，分かりにくいへびもある

それぞれのへびができ上がったところで，「誰のへびが長いかな？」と問う。見た目ですぐに長短が判断できるへびもあれば，すぐには分からないへびもある。

だからこそ，「どうやって比べよう？」という問題意識が自然に生まれてくる。

3 どうやって比べよう？

子どもはすぐに直接比較をしようとし始める。端をそろえてピンとまっすぐに伸ばせば長さが比べられると言う。しかし，実際にやろうとすると，へびが切れてしまう。

再び「どうやって比べよう？」という問題意識が生まれる。子どもは，１年生の「長さ比べ」の経験をもとに，ひもやテープを使って長さを比べる間接比較のアイデアを出す。しかし，教室にそれらは用意されていない。

本時の評価

・端をそろえてピンと伸ばして長さを比べる直接比較の方法を見つけることができたか。
・長さを比較するために別のものを用いる間接比較の方法を見つけることができたか。
・長さを任意単位のいくつ分で表現して比べる考えに気付き，数値化することのよさを意識することができたか。

準備物

・粘土（児童用）

4人グループで長さをくらべよう！

・けしゴムをつかおう！
・えんぴつをつかおう！

くらべられた！

はじをそろえる　でも、へびが切れる

ほかのものをつかう
・ひもとかテープ　今ここにないよ！
・手
・けしゴムやえんぴつ

クラスの中で一番長いへびはどれかな？

グループで１番のへびをくらべたらいい　ちょっとたいへん

消しゴムも鉛筆もグループによって異なっているという事実をもとに，次時につながる問題意識を確認しておく。

4 消しゴムや鉛筆が使える!

身近なものを使って比べられないかと考える子どもの中には，腕を広げた幅で比べようとする姿も見られるが，それでは曖昧だということになる。

改めて比べ方を考える中で，消しゴムや鉛筆に着目する子どもが現れる。そこで，早速４人組で消しゴムや鉛筆を使った比較の仕方を検討させて，実際に比べられるかどうか確かめさせる。

まとめ

４人組で消しゴムや鉛筆を使って比較した結果を確認する。グループによって消しゴムを使ったグループもあれば，鉛筆を使ったグループもある。いずれの場合もへびの長さが消しゴムや鉛筆のいくつ分の長さという数で表現されていることを確認する。

最後に，「クラスで一番長いへびはどれかな？」と問う。どうすればよいか，子どものアイデアをいくつか引き出して次時につなげる。

本時案

へびの長さは消しゴム□個分です

2/8

本時の目標

・任意単位による比較では，単位として用いるものがそろっていなければ比べられないということに気付き，共通の単位を用意する必要があることを理解することができる。

授業の流れ

1 へびの長さは消しゴム□個分です

わたしのへびは７個分

本時は前時の続きである。前時につくって残しておいたへびを用意させた状況で授業を始める。

導入で「へびの長さはけしゴム□こ分です」と板書し，この文章の意味を確かめさせる。前時に扱った任意単位による比較の考えを想起させ，本時ではクラスの中での順位を確かめることを告げる。

早速，自分のへびの長さが自分の消しゴムいくつ分か個々に調べていく。

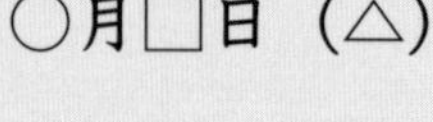
○月□日（△）

わたしのへびの長さは
けしゴム□こ分です

7　よりちょっと長い
8
9　よりちょっとみじかい
10
11
12

長さを
あらわす数

エーッ！
おかしい
一番長い！

2 誰のへびが長いかな？

それが一番長いとは
限らないよ

それぞれのへびが消しゴムの何個分であるのか確かめる。教師から７個分の人，８個分の人…と順に確かめていく。そして一番数が多い子どもを「一番長いね」と取り上げる。

ところが，子どもから「おかしい」という声が上がる。

3 それが一番とは限らない？

消しゴムの大きさが
みんな違うよ

一番数が多い子どものへびが一番長いという考えに対し，「それが一番とは限らない」という声を取り上げ，まわりの子どもにその理由を考えさせる。実際に隣や前後の友達のへびと消しゴムいくつ分の数かを見比べさせると，おかしいことに気付く子どもが増えていく。

本時の評価

・同じものを単位としなければ長さが比べられないということを理解することができたか。
・どのようなものが共通の単位としてふさわしいのか考えようとしていたか。

準備物

・粘土（児童用）
・ブロック（児童用）

11こ分が一番長いとは言えないよ！

みんな同じけしゴムでしらべることが大じ

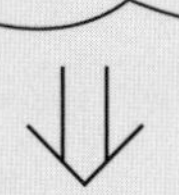

でも、そんなことはできないよ

どうすればいいかな？

実物投影機

けしゴムの大きさで数がかわる

7つ分どうし
12こ分

ブロックだったらみんな同じ
ブロックでしらべてみよう！

9、10、11、12、13、14、⑮ 一番長い

4 消しゴムの大きさが違うよ

みんなが持っているものでいいものはないかな？

消しゴムの大きさが違うことに気付いた子どもは，「同じ大きさの消しゴムじゃないと長さが比べられない」と言う。その一方で，「そんなことはできない」という声も上がる。改めて，「どうすればへびの長さを比べられるのか」ということが問題となる。

まとめ

みんなが持っているもので同じ大きさのもの……。子どもは数の勉強で使ったブロックに目を付ける。ブロックならばみんな持っているし，同じ大きさである。実際にブロックを使ってへびの長さがいくつ分になるのか調べてみる。消しゴムのときと同様に，ブロック7個分の人，８個分の人…と挙手させていくと，今度は，数が一番多い子どものへびが一番長いということでみんなが納得する。

本時案

どこでも同じ長さを同じ数で表すには？

3/8

本時の目標

・どこでも通じる共通の長さの単位の必要感を抱いて普遍単位（cm）の存在を知り，実際に測定した長さを cm を用いて表すことができる。

授業の流れ

1 ブロックはどこにでもあるわけじゃないけど…

「1cm」という長さは短いね

前時の終わりにブロックを使って長さを比べたが，ブロックはどこにでもあるわけではない。そのことを子どもに意識させ，共通の単位の必要感を抱かせる。特に，世界中で通じる長さの単位があれば便利だということを自覚させたところで，「1cm（センチメートル）」という単位があることを伝える。

そして，15cm に切った工作用紙を1枚ずつ配布し，1つの目盛りの大きさが「1cm」であることを教える。

○月□日（△）

みんなが同じものをつかって長さを数にすればいいけど…

1 cm

センチメートル

長さのたんい

せかいきょうつう

初めて学習する単位であるため，「1cm」の書き方も指導し，数字との大きさのバランスを意識させながらノートやワークシートに5回程度練習させる。

2 目盛りに数字を書いてみよう

工作用紙の1cm ずつの目盛りに，0，1，2，3…と数字を書きこむように指示をする。実物投影機で大きく映し出してみせると，作業の意味が伝わりやすい。そして，どこの目盛りの間隔も「1cm」であることを知らせるとともに，工作用紙全体の長さが15cm であることを確認する。

3 工作用紙の使い方は?

長さ比べをしているみたい

目盛りに数字を書いた工作用紙を使って身の回りのものの長さを測る活動を設定する。初めての測定活動なので，測り方自体を丁寧に確認する。まず，測るものの端と工作用紙の0の目盛りをそろえる。次に，測りたいものの反対側の端の場所を工作用紙の目盛りの数字と照らし合わせ，数字を読む。

本時の評価

・どこでも同じ長さを同じ数で表せる共通の長さの単位の必要性を感じていたか。
・「cm」の単位を知り，測定した長さを「cm」を用いて表しながら 1 cm に満たない長さの表し方に関心を持つことができたか。

準備物

・工作用紙

どこでも同じ長さを同じ数であらわすにはどうすればいいかな？

目もりに数をかこう！

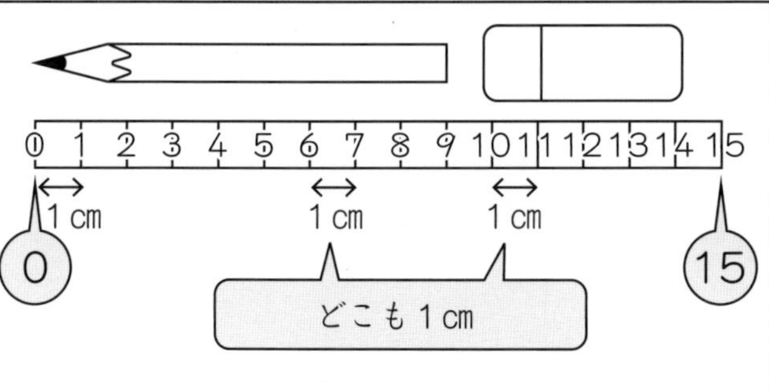

実物投影機

えんぴつとけしゴムの長さをはかってみよう！

えんぴつ　12 cm
14 cmとちょっと
10 cm
けしゴム　5 cm

「ちょっと」の長さも数であらわせないかな？

実物投影機を効果的に活用して，やるべきことがはっきり伝わるように配慮する。

1 cm に満たないはしたの長さの表し方に対する子どもの問いを大事にし，次時につながる問題意識として確認しておく。

4 鉛筆と消しゴムの長さを測ってみよう

まず，全員が持っている消しゴムと鉛筆の長さを，工作用紙を使って測らせる。鉛筆は 5 本程度持っているので，何度も測定することになる。

一方，消しゴムは丸くなっていたり，形が整っていないので，子どももどこからどこまでを測ればよいのか意識することになる。

どちらも長さの測定を練習する対象としてはよい題材である。

まとめ

ぴったりじゃない「ちょっと」の長さはどうすればいいのかな?

工作用紙にある 1 cm の目盛りを使えば，世界中どこでも同じ長さのものは同じ数で表される。

ところが，鉛筆や消しゴムの測定を通して，新たな疑問も生じている。それは，「cm」の目盛りにぴったり合わない長さ，例えば「14cm ちょっと」の「ちょっと」をどうすればよいのかということである。

本時案

1 cm より短い長さを表すには？

4/8

本時の目標

・1 cm より短い長さを表す普遍単位の必要感を抱き，新たに「mm」の存在を知り，「1 cm ＝10mm」という関係を理解することができる。

授業の流れ

1 「ちょっと」（cm の目盛りと目盛りの間）の長さはどうすればいいのかな？

1 cm より短い目盛りがあればいいね

前時の終わりに子どもが抱いた「（cm の目盛りに）ぴったりじゃない『ちょっと』の長さはどうすればいいのかな？」という疑問から授業を始める。子どもに自由に考えさせてみると，「1 cm より短い目盛りがあればいい」「別の単位があればいい」という見方が現れる。このように子どもが新たな単位の必要性を意識したところで，竹のものさしを提示する。

「1 mm」という新たな単位は，教師が子どもに教えることである。しかし，大事なことは子どもがその必要感を抱いているかどうかである。単に知識を伝達するだけでは不十分である。

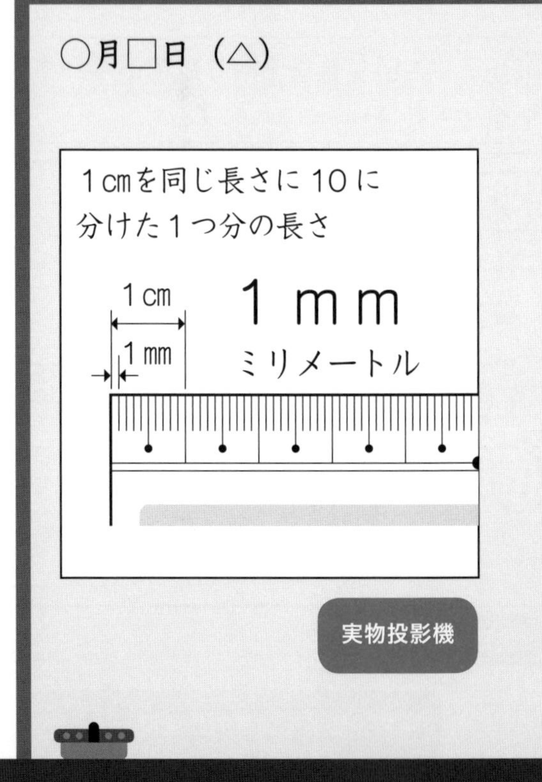

2 1 cm がいくつに分けられているかな？

やっぱり 1 cm よりも短い単位があった

竹のものさしを実物投影機で大きく映し出し，1 cm の目盛りが細かくいくつに分けられているか確かめさせる。1 cm が10に分けられていることが分かると，その小さな 1 目盛りの長さが「1 mm（ミリメートル）」であることを教える。

3 竹のものさしを見てみよう！

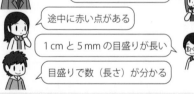

数字が書かれていない

途中に赤い点がある

1 cm と 5 mm の目盛りが長い

目盛りで数（長さ）が分かる

子どもたちに竹のものさしを配布し，新しい道具を観察させる。

本時の評価

・1 cm より短い長さを表す普遍単位の必要感を抱いたか。
・「mm」の単位を知り，はしたのある長さを「cm」と「mm」を組み合わせて表しながら 1 cm に満たない長さの表し方を理解することができたか。

準備物

・ものさし

1cmよりみじかい長さのあらわし方

竹のものさし

・赤い点がある5cm、10cm
・1cmの目もりと5mmの目もり が長くなっている
・目もりだけで数字がない

でも、目もりで数がわかる

左はしから↓までの長さ

ものさしの目もりを読もう！

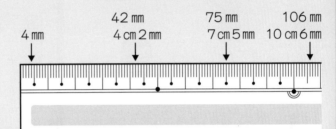

4mm
42mm 4cm2mm
75mm 7cm5mm
106mm 10cm6mm

□cm ○mm = △mm

cm のあとに mm をつなげる

いろいろなものの長さをはかってみたいな。

実物投影機を効果的に活用して，測定するときに意識すべき視点を明確にする。

4 竹のものさしの目盛りを読もう

竹のものさしを実物投影機で大きく映し出し，左端から「↓」までの長さを確かめていく。ものさしを使って長さを測る方法の基本の確認である。4 mm（mm だけ），4 cm 2 mm や 7 cm 5 mm（cm と mm の 2 つの単位を用いた長さの表現）を教え，どれも mm だけで表現できることを目盛りの数と対応させて確認する中で，「1 cm ＝10mm」であることを意識づける。

まとめ

ものさしでいろいろなものの長さを測ってみたいな

1 cm の目盛りにぴったり当てはまらない長さを表す単位に「mm」があることを確認し，「1 cm ＝10mm」という関係になっていることを整理する。また，ものさしによる長さの測定の仕方を確認し，子どもから身の回りのものの長さを測ってみたいという意識を引き出して授業を終える。

本時案

ものさしで長さを測ろう

5/8

本時の目標

・竹のものさしで身の回りのものの長さを測ることを通して，ものさしを使って測定する技能を身に付けるとともに，長さの感覚を身に付けることができる。

授業の流れ

1 竹のものさしで長さを測ろう！

本時では，身の回りのものの長さを実際に測る。そのため，前時に指導した竹のものさしを使った測定の仕方を再確認する。

また，ただ，長さを測るのではなく，本時では測る前に長さを予想させる。

ものさしによる測定技能を身に付けることも大事だが，長さの感覚を身に付けることも大事である。長さの感覚が伴わないと，実際の長さとは全く異なる長さを目盛りから読み取ったとしても子どもは間違いに気付かない。明らかに目盛りを読み間違えているような誤りをなくすためにも長さの感覚を養うことが欠かせない。

○月□日（△）

よそう→ものさしではかる

ぴたりしょう　3点
1cmまでのちがい　2点
1cmよりちがいが大きい　1点

2 予想してから長さを測ろう！

竹のものさしで測るものは，1回あたり子どもが3個決める。それらの長さの予想は「○ cm □ mm」もしくは「○ cm」という形で表す。そして，実際にものさしで測った長さと予想を比較し，ぴったり同じ場合は「ぴたり賞」として3点，1cm までの違いは2点，1cm より違いが大きい場合は1点という形で点数化し，点数が多いほど「予想が当たっている」と評価されることを伝える。

3 1回戦！

予想は 12cm 5mm だったけど，本当は 13cm 3mm だった。でも、2点だ

3つ合わせて4点だった

子どもたちは測るものを3つ決めて，ワークシートに予想を書く。書き終えた子どもから早速竹のものさしで長さを測っていく。

本時の評価

・ものさしの目盛りを正しく読み取り，長さを正確に測ることができたか。
・見た目で長さを予想した上で実際に測定することを通して，長さの感覚を意識することができたか。

準備物

・ものさし
・記録用紙

竹のものさしで長さをはかろう！

	はかるもの	よそう	長さ	点
1回目				
	はかるもの	よそう	長さ	点
2回目				

・10 cmに近い長さのものは
えんぴつ　名ふだカード

・20 cmに近い長さのものは
ふでばこ
本

長さを書く表を示し，2回戦行うことを告げる。そして，それぞれの点数の合計によって，予想する力を見ることを伝え，予想を実際の長さに近づけることに価値があるということを意識づける。

2回戦に挑戦！

1回戦の結果を確かめてみる。3点，4点…と順に子どもに挙手させる。高得点だった子どもの予想を立てる力を称賛し，2回戦へとつなげていく。2回戦では予想を立てるのに，1回戦で測ったものを基準として比較しようとする姿も見られる。

まとめ

2回戦では，予想の誤差を少なくするために，既に長さが分かっているものをもとにして予想しようとする子どもの姿が見られる。このような姿を価値づけ，最終的には見た目で大体の長さが分かるようになることが大事であることを伝える。

また，大体の長さの基準として10cmや20cmに近いものを見つけることで，基にすればよいものの長さを意識づける。

本時案

ものさしを使って □ cm ○ mm の直線をかこう

本時の目標

・指定された長さの直線を竹のものさしで正確にかくことができるとともに，長さを相対的に見る見方を獲得することができる。

授業の流れ

1 竹のものさしを使って直線をかこう！

直線はまっすぐにピンと伸びた線だね

本時では，ものさしを使って指定された長さの直線をかく。そのためには，指定された長さを正確に測ることと直線がかけることの２つのことができなければならない。

そこで，まず，直線をかくことだけを練習する。鉛筆を持っていない手で，ものさしが動かないようにしっかり押さえて直線をかくように指導する。

最初にものさしを使わずに黒板上に線をかく。次に，ものさしを使って実際に直線をかいて見せる。２つの線の違いを子どもに表現させる中で直線の概念を確認していく。

○月□日（△）

直線

ものさしやじょうぎをつかってかいたまっすぐな線

直線ではない

2 □ cm の直線をかこう！

今度は□ cm という長さを指定して直線をかく。初めてのことなので，次のようなかき方を表した図を提示するとともに，実際にかいて見せる。

① 点を打つ
② ものさしの目盛りを合わせる
③ □ cm ○ mm のところに点を打つ
④ ものさしを２つの点に合わせる
⑤ ものさしをしっかり押さえて直線をかく

3 □ cm を素早く見つけるためには？

１回目は５cm，次に８cm の直線をかく。ものさしの赤い点（５cm，10cm）を目印にすると指定された長さが見つけやすいという考えを取り上げ，全体で確認する。５cm はちょうど赤い点のある場所。８cm は５cm より３cm 右側だし，10cm より２cm 左側。

本時の評価

・指定された長さの直線を竹のものさしで正確にかくことができたか。
・指定された長さの目盛りを，自分が決めた目盛りを基準として的確に見つけることができたか。

準備物

・ものさし
・かき方を表した図（写真）

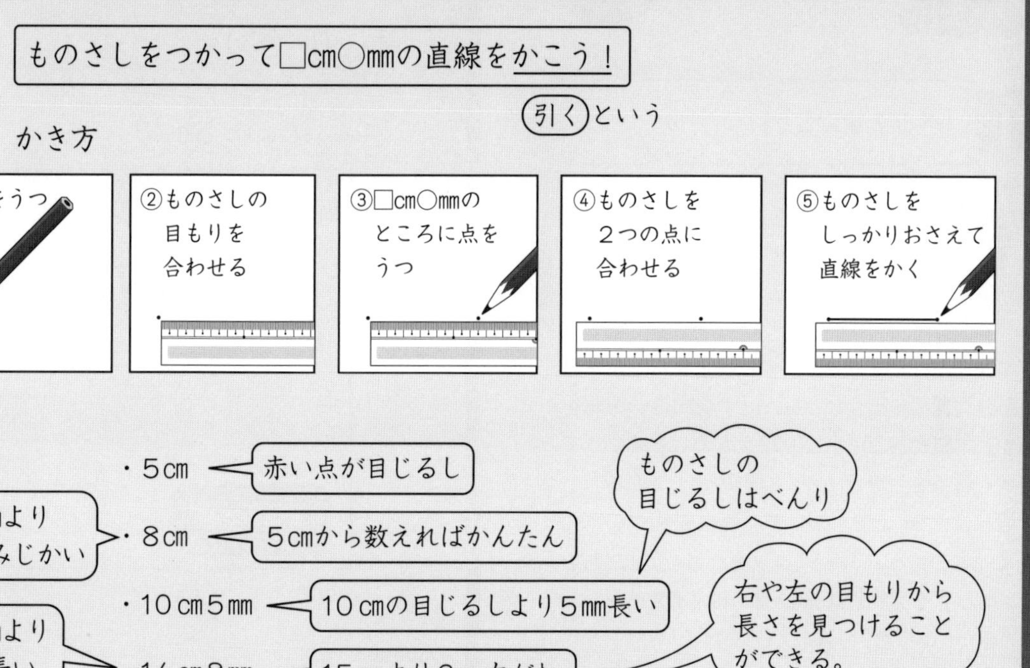

ものさしをつかって□cm○mmの直線をかこう！
引く という
かき方
①点をうつ
②ものさしの目もりを合わせる
③□cm○mmのところに点をうつ
④ものさしを２つの点に合わせる
⑤ものさしをしっかりおさえて直線をかく
・5cm
赤い点が目じるし
・8cm
10cmより2cmみじかい
5cmから数えればかんたん
ものさしの目じるしはべんり
・10cm5mm
10cmの目じるしより5mm長い
・14cm8mm
14cmより8mm長い
15cmより2mm左がわ
右や左の目もりから長さを見つけることができる。

ただ直線をかければよいわけではなく，指定された長さを正確に読み取る中で，ものさしの印やめもりの工夫に気付き，それらのよさを実感できることが大事になる。

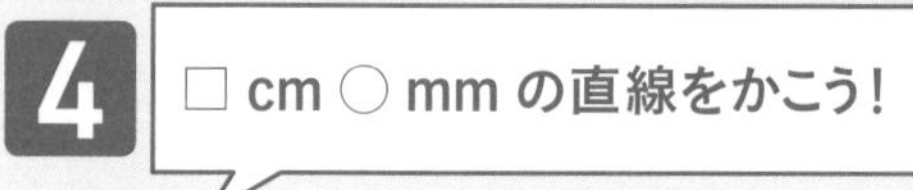

4
□ cm ○ mm の直線をかこう!

14cm より 8mm 長い

15cm より 2mm 左側

次に，□ cm ○ mm の直線に挑戦する。最初は10cm 5 mm。10cm はものさしの赤い点のある位置で， 5 mm は少し長い目盛り。指定された長さの目盛りを効率よく見つける方法を共有させる。そして，14cm 8 mm を扱い，mm の目盛りの読み取り方も確認していく。

まとめ

指定された長さの直線をかくためには，ものさしの目盛りを正しく読み取って点を正確にかくことと，線が曲がらないようにしっかりものさしを押さえることが大事だということを確認する。

また，指定された長さの目盛りを効率よく見つけるためには，ものさしの赤い点や大きな目盛りをもとにして，どれだけ右か左かを考えればよいことを確認する。

本時案

へびをかこう

7/8

本時の目標

・ものさしでかいた直線をつなげてできる「へび」の長さを検討する中で，長さにも加法が適用できるという見方を獲得することができる。

授業の流れ

1 「へび」をかこう！

もっと長い「へび」
にしたいなあ

導入で「へびをかこう！」と板書する。子どもは意外な言葉に驚くとともに，学習内容に興味を示す。本時で扱う「へび」は，ものさしを使って複数の直線をつなげてかいた形のことである。

最初は 5 cm と 8 cm の 2 本の直線をつなげて「へび」をつくる。一例としてあらかじめかいておいた「へび」を実物投影機で提示し，イメージが共有できたところで，白紙の上に個々に「へび」をかかせる。これは前時で扱った直線の作図の復習でもある。

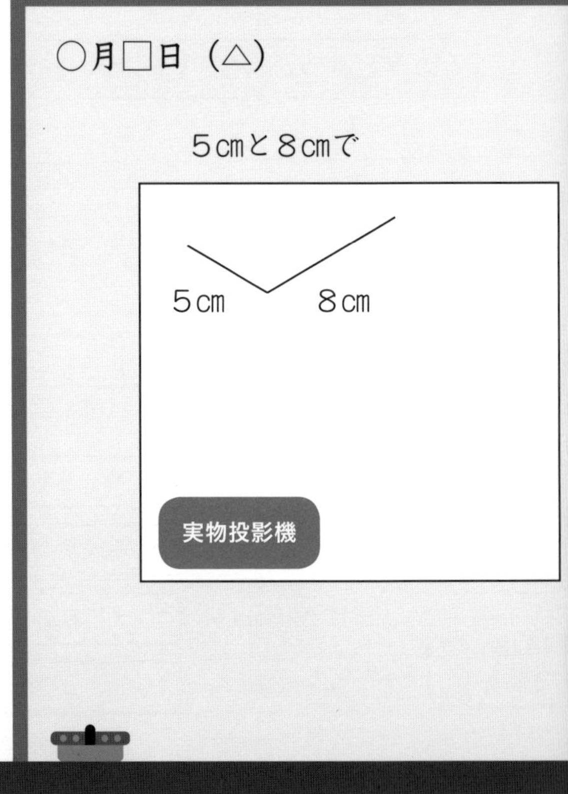
○月□日（△）
5cmと8cmで
5cm
8cm
実物投影機

2 長い「へび」にしたいな！

6 cm の直線をどっち
につなげようかな

2 本の直線をつなげてかいた子どもからは，「もっと長くしたい」，「直線を増やしたい」，「曲げる回数を増やしたい」という声が現れる。そこで，「6 cm の直線をもう 1 本つなげよう」と投げかけ，子どもたちに「へび」の改良を保障する。

3 いろいろな「へび」ができたね

使った直線の長さは 5 cm，8 cm，6 cm であるが，子ども一人ひとりの「へび」の形は違う。お互いの「へび」を見合う時間を取った後で，「全然違ういろいろなへびができましたね」と，あえて投げかける。

「へび」の形は全て異なるが，使っている直線の長さはどれも同じ。「へび」の長さは同じである。子どもが帰納的に「へび」の共通点を見出す場である。

本時の評価

・指定された長さの直線をつなげてかくことができたか。
・直線をつなげてできる「へび」の長さを検討する中で，長さにも加法が適用できるということが理解できたか。

準備物

・ものさし

へびをかこう！ ― ものさしでかいた直線をつなげる

もっと長くしたい

直線をふやしたい

まげるかい数をふやしたい

6cmつなげよう！

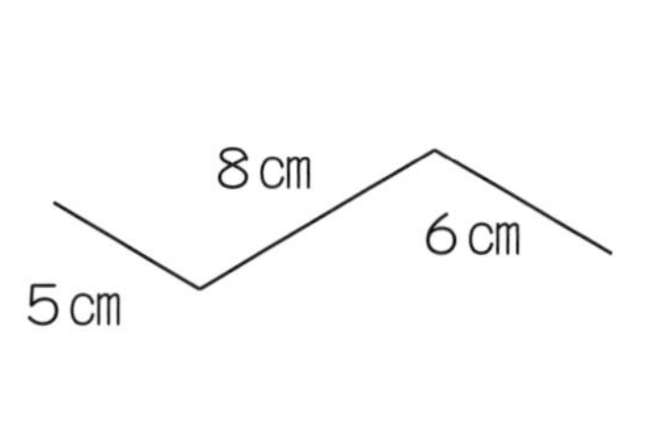

いろいろなへびができるね！
でも、へびの長さは同じ

へびの長さは何cmかな？

5cmと8cmをつなげている
5＋8＝13
そこに6cmをつなげて
13＋6＝19　19cm

長さもたし算できる

19cmになる
べつのへびを
かいてみよう！

自分で直線の長さを決めて別の19cmの「へび」をかくことで，長さにもたし算が適用できるこを確認させる。

4 へびの長さは同じだよ！

5cmと8cmをつなげているから

それに6cmをつなげたから

どれも5cm，8cm，6cmの3本の直線でできているから，「へびの長さはどれも同じ」と言う子どもがいる。教師は「本当かな？」「じゃあ，へびの長さは何cmなのかな？」と問い返し，子どもたちの共通の問題とする。

まとめ

自分の「へび」の長さを検討している中でたし算を適用していることを自覚させ，長さにもたし算が適用できることを確認する。

5＋8＝13　　13＋6＝19

5＋8＋6＝19

また，逆に19cmの他の「へび」をつくらせて，2本や4本の直線でも19cmの「へび」ができることを確かめさせる。

本時案

近道はどっちかな？

本時の目標

・cmと mm が混じった長さの加法や減法の仕方を考える中で改めてcmと mm の単位の関係に対する理解を深めるとともに，正しく計算することができる。

授業の流れ

1 近道はどっちかな？

2つの直線の長さを足せばいい！

導入で「近道はどっちかな」と板書し，アリが通るア，イの2つの道を示した図を提示する。ただし，どちらも数値が示されていない。そこで，最初に感覚的に近道を予想させてみると，ア，イどちらにも手が挙がる。子どもははっきりさせたいという思いになる。

ただし，どちらも具体的な長さが分からない。はっきりさせるためにすべきことを確認する。

① ものさしで2つの直線の長さを測る

② 測った長さを足す

前時に長さもたし算ができることを学習しているので，子どもたちは納得する。

○月□日（△）

ア　4cm3mm＋2cm6mm＝6cm9mm

cmとmmがまざっている

どうやってたせばいいのかな？

① cmとmmに分けて同じたんいどうしをたす

4＋2＝6（cm）
3＋6＝9（mm）
6cm9mm

② mmになおしてたす

4cm3mm＝43mm　2cm6mm＝26mm
43＋26＝69　6cm9mm

2 アの道の長さを確かめよう！

cm と mm が混ざっているけど，どうやって計算すればいいのかな？

まず，アの長さを考える。ものさしで2つの直線の長さを測ると，4cm 3mm と 2cm 6mm である。ここで，「4cm 3mm ＋ 2cm 6mm」という単位をつけた式の表し方があることを教える。しかし，子どもの中に計算の仕方に関する問題意識が生まれてくる。

3 どうやって計算すればいいのかな？

計算の仕方に対する問題意識に従って，計算方法を考えさせる。子どもから現れるアイデアは次の2つ。

○「cm」と「mm」に分けて，それぞれ足す。

○両方の長さを「mm」にそろえて足す。

どちらの方法でもアの長さは6cm 9mm になる。

どちらの考えも単位を揃えて計算しているということを確認し，価値づける。

本時の評価

・cmと mm が混じった長さの加法や減法の仕方を単位に着目して考えることができたか。
・cmと mm が混じった長さの加法や減法の計算を正しく処理することができたか。

準備物

・プリント
・ものさし

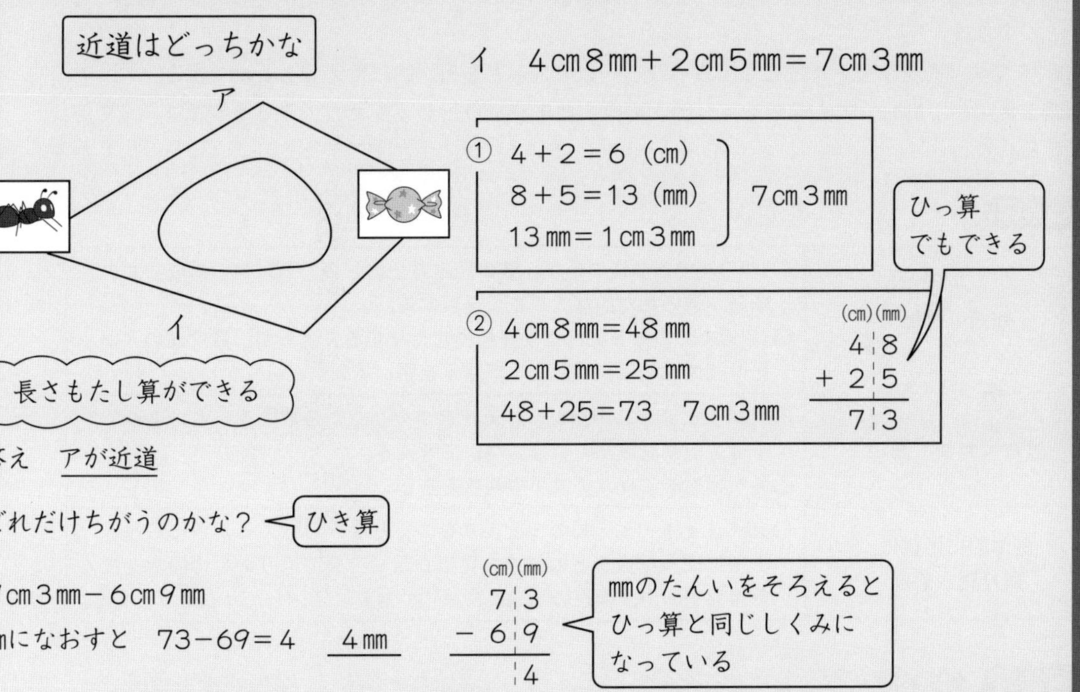

近道はどっちかな
ア
イ
長さもたし算ができる
答え　アが近道
イ　4cm8mm＋2cm5mm＝7cm3mm
① 4＋2＝6（cm）
8＋5＝13（mm）
13mm＝1cm3mm
7cm3mm
ひっ算でもできる
② 4cm8mm＝48mm
2cm5mm＝25mm
48＋25＝73　7cm3mm
(cm)(mm)
4 8
＋ 2 5
7 3
どれだけちがうのかな？
ひき算
7cm3mm－6cm9mm
mmになおすと　73－69＝4　4mm
(cm)(mm)
7 3
－ 6 9
4
mmのたんいをそろえるとひっ算と同じしくみになっている

たし算の考えの活用としてひき算の処理の仕方を確認する。

十の位が cm，一の位が mm になっている筆算の計算処理を通して，「1 cm ＝10mm」であることを意識させる。

4 イの道の長さを確かめよう！

続いてイの長さを求めていく。ものさしで測ると，4 cm 8 mm と 2 cm 5 mm。単位をそろえて足そうとし始めた子どもから，「繰り上がりがある」という声が上がる。mm が「8 ＋ 5 ＝13になる」と言い，その処理の仕方が子どもの新たな問いとなる。繰り上がりの処理が分かりやすいたし算の筆算形式の考えとつなげて，十の位を cm，一の位を mm にすればよいことに気付いていく。

まとめ

□ cm ○ mm のような長さでも単位をそろえればたし算できること，そしてアが近道だったことを確認する。最後にアとイの長さの違いを問い，ひき算の処理を意識させる。子どもは，たし算と同様に単位をそろえれば計算できると考え，mmにそろえて計算する。また，十の位を cm，一の位を mm にしたひき算の筆算形式で計算処理ができることを確かめる中で，改めて「1cm ＝ 10mm」であることを意識させる。

1000までの数 （9時間扱い）

単元の目標

・1000までの数について，十進位取り記数法による数の表し方及び数の大小や順序について理解することができる。
・1000までの数を十や百を単位としてみるなど，数の大きさを相対的に捉えることができる。
・日常生活の中で出合う大きな数を，10や100のまとまりに着目して捉え，大きさを判断することができる。

評価規準

知識・技能	○1000までの数について，数の読み方や書き表し方，数の構成や大小，順序，数の相対的な大きさを理解する。 ○1000までの数を読んだり書き表したりするとともに，数や式の大小，相等関係を的確に判断し，不等号を用いて表す。
思考・判断・表現	○10のまとまり，100のまとまりをつくりながら数えることによって，十進位取り記数法の原理について考える。 ○数を相対的に捉えて大小の判断をする。
主体的に学習に取り組む態度	○10のまとまりや100のまとまりをつくりながら数えるよさに気付き，十進位取り記数法との関連を見出したり，身の回りのものの数を数える場面や何十，何百の加法及び減法の計算に活用したりしようとする。

指導計画 全９時間

次	時	主な学習活動
第１次 1000までの数の表し方	1	あさがおの種の数を数える①（数え方と記数法）
	2	あさがおの種の数を数える②（数え方と命数法）
	3	1000までの数の構成を理解する。
	4	1000までの数の系列，順序を理解する。
	5	1000までの数の構成及び相対的な見方を理解する。
	6	1000までの数の大小を判断する。
第２次 何十，何百の加減計算	7	10を単位とする数の構成に着目した加減計算。
	8	100，10，１を単位とする数の構成に着目した加減計算。
第３次 式と数の相等関係	9	くじ引きの場面を通して，式と数，数と式の相等関係を等号，不等号を用いて表す。

単元の基礎・基本と見方・考え方

第１学年では，120 程度までの数について，10のまとまりをつくりながら数を数えることを通して，数の読み方や書き表し方を学習した。本単元では数の範囲を1000まで広げて，数の概念や性質についての理解を深めるとともに，相対的な捉え方についても学習し，数を用いる能力を伸ばし，数についての感覚を豊かにしていく。

⑴数を数える２つの体験

数の概念を形成し，数の感覚を養うためには，自分の手で具体物の数を数える体験が欠かせない。ただし，数える対象によって数え方が異なることに留意しておきたい。

一つは，紙に印刷されたものの数を数える場面である。つまり，手で動かせない対象を数える場合，子どもは２ずつ，５ずつ，10 ずつのまとまりを線つなぎをしたり，線で囲んだりする。そして，10のまとまりをさらに10ずつまとめて線で囲んで100のまとまりをつくる。これは本書の第１時に示した活動にあたる。

もう一つは，数えながら動かすことができる（操作できる）ものの数を数える場合である。子どもは，自分の手でものを操作しながら２ずつ，５ずつ，10 ずつのまとまりをつくって数えていく。そして，10のまとまりをさらに10ずつのまとまりにして100のまとまりをつくる。これは，本書の第２時の活動にあたる。

両方の場面で数える体験をした子どもは，どちらの場合も，同じ大きさの数ずつまとめていくと数が数えやすくなるということや，10のまとまりをさらに10ずつまとめると100のまとまりになるという十進位取り記数法の原理を体得する。なお，同じ数ずつ数える体験は，乗法の意味を理解するための素地的な体験としても大事にしたい活動である。

⑵十進位取り記数法と命数法

数の範囲を1000まで広げ，十進位取り記数法による数の表し方及び数の大小，順序などについて扱っていく上で大事になるのは「位」の理解である。例えば，358であれば，10のまとまりが５，100のまとまりが３，ばらが８というそれぞれの数が，十進位取り記数法では数字を書く位置によって表されているということを理解させるということである。また，命数法でも「さん【びゃく】ご【じゅう】はち」というように，【ひゃく】や【じゅう】という表現を入れることで位を示す仕組みになっていることを理解させる。そのため，あえて誤った順番で数字を並べて書いてみたり，「ご【じゅう】さん【びゃく】はち」と読んでみたりして，正しく修正する活動も有効な指導法となる。

⑶ゲーム化と学びに向かう力

本書では数の大小判断の場面をゲーム化することで，子どもに自分事として数の大きさを意識させるようにしている。第６時で扱った３位数の大きさ比べのゲームでは，子どもは裏返した３枚の数字カードを表にする順番が気になってくる。例えば，百の位からカードを表にすると，「大小がすぐに決まってしまい，面白くない」と言うのである。これこそ十進位取り記数法の仕組みを理解できた姿と言える。また，第９時の不等式の素地的な学習場面では，「くじ引き」の結果としての式と数，数と式の相等関係を不等号を用いて表記する活動を設定している。不等号を使って表現する必要感を子どもに持たせるとともに，右辺と左辺の関係に目を向けさせるように配慮している。

本時案

全部で何個あるのかな？

本時の目標

・実際にあさがおの種を数える活動を通して，200より大きな３位数の書き方や読み方を理解し，正しく書いたり，読んだりすることができる。

授業の流れ

1 あさがおの種は全部でいくつあるのかな

何の写真でしょう

あさがおの種だ

何個あるのかな？

電子黒板にあさがおの種の写真を提示し，「あさがおの種はいくつあるのかな」という問題意識を引き出す。そして，あさがおの種を印刷したプリントを子どもに配布し，数えさせる。

ただし，ここでは「友達が後から見ても数が分かるように数えよう」という条件を与え，数える途中の過程や自分の数え方をプリントに書き込むきっかけとする。

板書　○月□日（△）

あさがおのたねはぜんぶでいくつあるのかな？

電子黒板

数え方①

数え方②

数え方③

数え方④

2 こうすれば友達が見ても数が分かるだろう

個々に数えている活動をあえて途中で止めて，子ども個々の数え方の工夫を交流させる。

ただし，「喋ってはいけない」という状況を設定し，数えている途中の友達のプリントを見るだけで数が分かる数え方になっているか考えさせる。こうすることで，何をしていいのか困っていた子どもにも見通しを持たせるとともに，個々の子どもが自分の数え方を振り返る機会とする。

3 やっぱり数え方を変えてみよう

あの数え方の方が分かりやすいね

種を数える活動を再開し，最後まで数える。

ただし，数える方法（工夫）を変えてもよいことを告げて，改めて自分の数え方を意識させる。そして，変える意思の有無を確認し，より良い方法を考えようとする態度を褒めて価値づける。

本時の評価

- 3位数を数える場面で，まず10のまとまりをつくり，次に10のまとまりを10個集めて100のまとまりをつくるという数え方が十進位取り記数法の表記と対応していることを理解できたか。
- それぞれの位の数と「百」「十」を対応させて3位数を正しく読むことができたか。

準備物

- 実物投影機，電子黒板
- あさがおの種の写真とプリント

友だちが見ても数がわかるようにしよう

2ずつ　5ずつ　10ずつ

⬭でかこむ　線つなぎ

どうして数え方をかえたのかな？

10が10こ⇒100のまとまり

まとめ

100のまとまり　2こ

200（二百）

10のまとまり　3こ

30（三十）

ばら（1）　6こ

6

236こ

二百三十六

最初の数え方から変えた子どものプリントを実物投影機で投影し，その子の数え方の工夫を解釈させる中でそれぞれの特徴と，共通点を確認する。

4 数え方を変えた理由は？

数え方を変えた子どものプリントを実物投影機で投影し，「10を10個まとめて100をつくっている」という点が似ているということを確認する。

まとめ

100のまとまり，10のまとまり，そしてばらの数を見ると全部の数が分かるね

子どもがあさがおの種を数え終えたところで，100が2個で「200」と書くことや「二百」と読むことを教えて，200と30と6を合わせて「236」と書き，「二百三十六」と読むことを知らせる。3位数が100のまとまりの数，10のまとまりの数，ばらの数で構成されることを意識づける。

本時案

あさがおの種は何個かな？

2/9

本時の目標

・自分たちの班のあさがおの種を数える活動を通して，十進位取り記数法による3位数の書き方や読み方に対する理解を深めることができる。

○月□日（△）

あさがおのたねを数えよう。

1ぱん	2はん	3ぱん
797こ	720こ	527こ

読み方

七㊀九⊞七　七㊀二⊞　五㊀二⊞七

授業の流れ

1 自分たちのアサガオの種は何個かな？

たくさんあるなあ…

本時では，前時での学習をもとに，自分たちが1年生のときに収穫したあさがおの種の数を数える。ただし実物の種なので，前時の数える活動とは異なる点がある。

前時に数えたあさがおの種は印刷物で，移動できなかった。一方，今回の種は動かせる。実際に自分の手で10のまとまりをつくり，それを10個合わせて100にするという操作を全員が体験することにねらいを置く。

数える個数を3位数にするために，個人ではなく，3，4人班での共同作業とする。そして，互いの数え方を意識させる。

2 10のまとまりは便利だね

3，4人の机をつなげて，その上で数えさせるようにする。前時での共通体験があるので，子どもは，分担した種を10のまとまりをつくって数えていく。次に，10のまとまりがいくつあるかを確かめながら「10のまとまりが10個で100になる」ことを実感する。

班で数え終えると，数が分かりやすいように種の並べ方を整理させるとともに，自分のノートにあさがおの数を記入させる。

3 数を発表しよう！

どれも3つの数字でできている。百の位は100のまとまりの数，十の位は10のまとまりの数，一の位はばらの数になっている

それぞれの班の種の数を黒板に書かせる。「私たちの方が多い」「○班は多い」と教室内がにぎやかになる。

どれも3つの数字で表されるという共通点を見出させ，それぞれの位の名前を確認して，十進位取り記数法の仕組みを意識させる。

本時の評価

・あさがおの種を数える場面で，子ども自らが10のまとまりや100のまとまりをつくっていたか。
・100のまとまり，10のまとまりを数字や数詞に対応させることができていたか。

準備物

・本物のあさがおの種

4はん	5はん	6ぱん	7はん	8ぱん
495こ	311こ	312こ	445こ	324こ

数字はかならず3つある（百のくらい　十のくらい　一のくらい）

四(百)九[十]五　三(百)[十]一　三(百)[十]二　四(百)四[十]五　三(百)二[十]四

百のくらいの数には(百)、十のくらいの数には[十]をつけて読む。

4 数を読んでみよう！

どれも百の位の数に「百」，十の位の数に「十」をつけて読んでいる

次に，それぞれの数の読み方をノートに漢字で書き，班ごとに読ませる。黒板には数字に対応させて読み方を記述していき，数字との違いに目を向けさせる。結果的に，３位数の読み方は，百の位の数に「百」を，十の位の数に「十」をつけて読むということが確認できる。

まとめ

100のまとまりが百の位，10のまとまりが十の位，そしてばらの数が一の位になっていて，読むときにも「百」と「十」をつけて読むんだね

各班のあさがおの種の数を全員で読み，３位数の数詞の読み方を再確認し，百の位は100のかたまりの数，十の位は10のかたまりの数，一の位はばら（１）の数というそれぞれの位の数の意味を整理する。

本時案

□に入る数は何かな？①

本時の目標

・十進位取り記数法における３位数の構成を確かめる活動を通して，百の位，十の位，一の位の数の関係を理解することができる。

授業の流れ

1 □に入る数は何かな？

「365は□を３個と□を６個と□を５個合わせた数です」。導入では，前時での学習を活かし，どの子も答えられるような□を埋める場面を扱う。「３個」「６個」「５個」という表記が，「365」のそれぞれの位の数と一致していることから，百の位，十の位，一の位と対応させる見方を引き出し，100が３つで300，10が６つで60，1が５つで５，これらを合わせた数であることを確かめる。

３位数のたし算は未習であるが，３位数の仕組みが300＋60＋５＝365と表現できそうだということをあえて示すことで，今後の学習への見通しとする。

○月□日（△）

365は□を３こと□を６こと□を５こ合わせた数です。

かんたん！

100を３こと10を６こと1を５こ

百のくらい　十のくらい　一のくらい

300 ＋ 60 ＋ 5 ＝ 365

たし算のしきだと見ることもできる！

2 今度の□の中に入る数は何かな？

第２問として，黒板に「753は100を□個と10を□個と１を□個合わせた数です」と書き，最初の問題と比較させる。すると，今回の□は100や10や１の個数を表す□になっているという違いに気が付く。ただし，□の中に7，5，3を入れれば753になることは間違いない。

3 □の数を別の数に変えてもできるかな？

ここでは，7，5，3以外の数でもできるかどうかを意識させる。

そして，子どもから「まとまりをつくらなかったら他にもある」という声が現れればそれに付き合うが，現れなくても，例えば10が0個だったらと揺さぶりをかける。

本時の評価

・十進位取り記数法の仕組みとして，それぞれの位の数がばらの数や10のまとまり，100のまとまりを表しているということを理解していたか。
・100は10の10個分であり，１の100個分であるという見方をすることができていたか。

□に入る数は何かな？

753は100を□こと10を□こと
１を□こ合わせた数です。

さっきと同じじゃない？

100を7こと10を5こと1を3こ
百のくらい　十のくらい　一のくらい

まとまりをつくらなかったらほかにもあるよ。

100を7こと10を0こと1を53こ　エッ？
0　0　753　それならいろいろありそう！

4 **それならいろいろありそう！**

「10が０個だったら？」…。「アッ！できる！」「100が7個，10が0個，１が53個あれば753になる」。この見方では，100のまとまりをつくっているけど，10のまとまりをつくらずにばらのままだと捉えている。

３位数の新たな見方を体験した子どもは，「100が0個，10が75個，１が3個」とか，「だったら，100が0個，10が0個，１が753個でもいい」と続く。

まとめ

３桁の数にはいろいろな数のまとまりが見えるね

３位数のまとまりの捉え方を見直す中で，改めて100は10の10個分，１の100個分と見られることや，10は１の10個分であるという数の仕組みを確かめる。

本時案

目盛りの数は何かな？

本時の目標

・数直線のルールを知り，数直線上に1000を表す活動を通して，1000に対する見方を豊かにすることができる。

授業の流れ

1 目盛りの数は何かな

本時では，数の線（数直線）の見方を指導する。最初は何の数字も書かれていない目盛りだけがある数直線を示し，「目盛りの数は何かな？」と書く。次に，左端の目盛りの上に0を書き，他のそれぞれの目盛りの上にも数字を書くことを告げて，数直線上の「↑」を書いた目盛りの数が何かを考えさせる。

子どもは無垢なので，数直線がどのようにつくられているかという数直線の仕組みを意識づけるように丁寧に扱う。

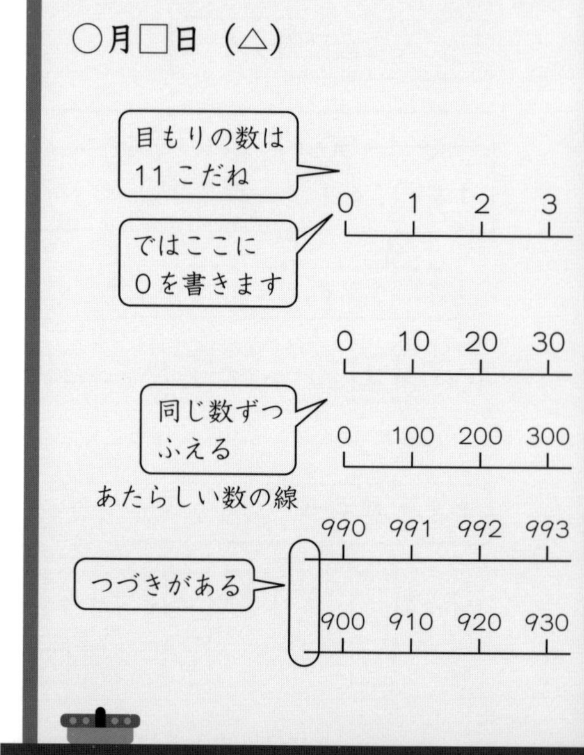

2 10じゃないの？

「↑」の目盛りの数を問うと「10」という子どもが多い。0から順に「1，2，3，…と数えていくと10になるからだ」と言う。ここで，次の２点を数直線のルールとして教える。

①左から右にいくほど表す数が大きくなる。

②目盛りと目盛りの間の数は同じ

特に，②を意識させるために間隔が一定でない数直線と比較させるとよい。

3 だったら，他にもできる！

数直線のルールが分かると，「だったら「↑」の目盛りの数は10以外にもある」と言い始める。例えば「100」の場合は，「10ずつ増えている」ことに気付く。新たな考えをワークシートに整理させていくと，100ずつ増やす考えも現れる。このとき，900の右の目盛りの数を「1000」と書き「千」と読むことを教え，100が10個集まった数であることを確認する。

本時の評価

・数直線のルールを理解し，目盛りの数値が異なる数直線をつくることができたか。
・「1000は100が10個集まった数」とか，「1000は999より１大きい数，990より10大きい数」というように，1000に対する複数の見方を体験することができたか。

準備物

・目盛りだけ書かれた数直線のワークシート２種類（０あり，０なし）

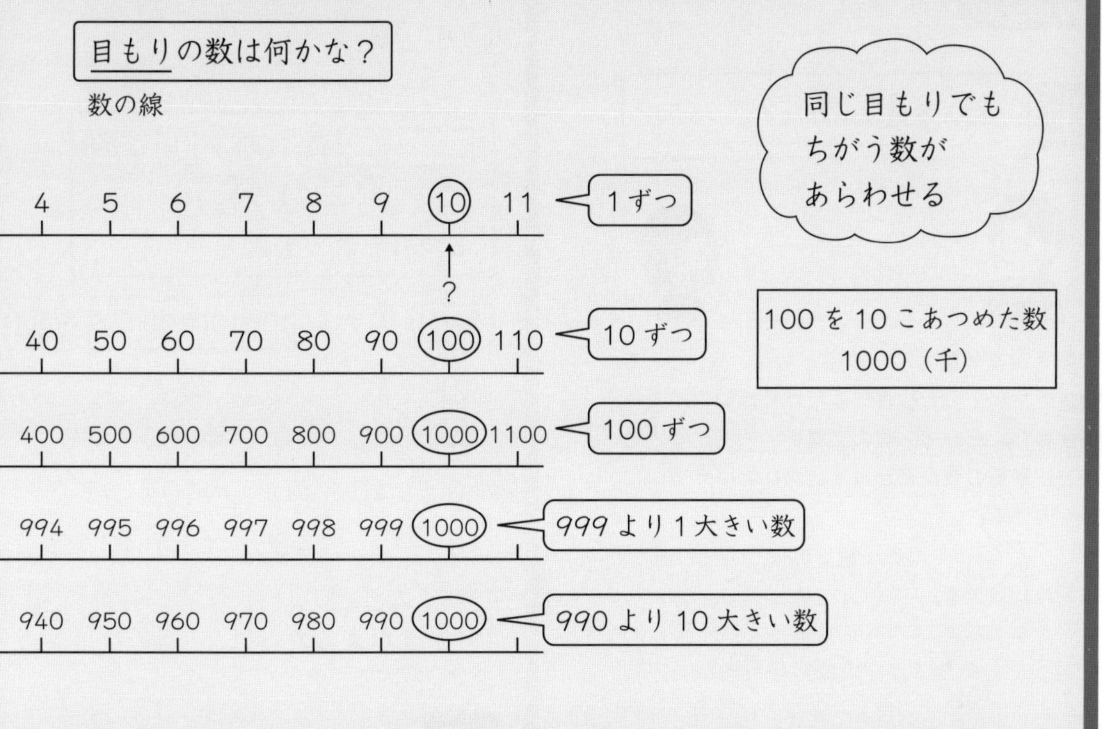

4 新しい数の線です！

目盛りの間の大きさは１でも10でも100でもなんでもできるね

「新しい数の線です」と言って，別のワークシートを配布し，最初の数直線と比較させると，左端の形状の違いに目を向ける。今回の数直線は左側にまだ続いているのである。そこで，今回は逆に，1000を先に決めてから他の目盛りの数を書き込ませていく。

まとめ

数直線では，同じ目盛りなのに全く違う数が表せるという事実を確認した上で，次のような1000の見方を引き出して整理する。

数の線のルールは…

1000は999より１大きい数

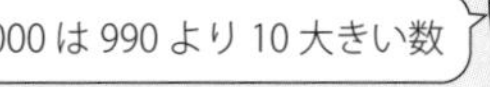

1000は990より10大きい数

本時案

□に入る数は何かな？②

本時の目標

・1000までの数をタイル図で表現する活動を通して，100のいくつ分とか10のいくつ分というように数を相対的に見る見方を身に付けることができる。

○月□日（△）

□は 100 を①こと 10 を②こと 1 を③こあつめた数です。

430だったら 100 100 100 100 10 10 10

①	②	③	
4	3	0	⇒400 と 30
0	43	0	⇒10 が 43 こ
0	0	430	⇒1 が 430 こ

りょうがえみたい

授業の流れ

1 □に入る数は何かな？②

第３時を体験している子どもは，「□に入る数は何かな？」と板書するだけで活動のイメージがわく。そして，次の文章をノートに写させると，最初の数が書かれていないという違いに目を向ける。

「□は，100を□個と10を□個と１を□個集めた数です」

３位数の構成の理解をねらっていた第３時に対して，本時では３位数の相対的な見方に焦点を当てる。そのため，本時では□の中に数字を書くだけではなく，100や10のタイル図を用いて数を表現する活動を取り入れる。

2 数が分かれば簡単！

最初に「□に入れた数を100と10のタイル図を使って表しましょう」と投げかけ，第１問として「430」を示す。

子どもには既習の体験があるので，□に入る答えは１つではないと考える。そして，「100が４個と10が３個」「100が０個と10が43個」という組み合わせを示す。ばら（１）のタイルはないが，「100が０個と10が０個と１が430個」という見方も現れる。

3 両替みたい！

「430」の場合の□に入る数を位ごとにそろえて黒板上で整理していくと，４と３がずれていくように見える。タイル図の動き（変化）から「両替しているみたい」と言う子どももいる。

そこで，次の数値として「700」を示す。子どもは「簡単！」と言って「100が７個」「10が70個」（「１が700個」）と書く。そして，黒板に書かれた数を見て，「０が動いている」と感じる子どもの姿も見られる。

本時の評価

・1000までの数を100や10のタイル図で表すことができたか。
・1000までの数を「100のいくつ分」とか「10のいくつ分」というように相対的に捉えることができるようになったか。

準備物

・100と10のタイル図

□に入る数は何かな？②

700 だったら 100 100 100 100 100 100 100

①	②	③
7	0	0
0	70	0
0	0	700

0のところが うごいてる

10を70こならべるのはたいへん

1000 だったら 100 100 100 100 100 100 100 100 100 100

①	②	③
10	0	0
0	100	0
0	0	1000

だったら1000が 1こと言ってもいい！

千のくらい

4

1000だったら?

これじゃあ,
きりがないね

第3問として「1000」を示す。要領を得た子どもは,「100が10個」「10が100個」(「1が1000個」) と書く。さらに,「1が1000個があるなら1000が1個と書いてもいいんじゃない?」という考えも現れる。そうすれば,「0が動いていくのがよく分かる」というのである。

まとめ

700は10が70個…
1000は10が100個
1000は100が10個

本時では,「700のような何百の数は0を1つ減らせば10まとまりの数が分かるし,十の位の0と一の位の0をなくせば100のまとまりの数が分かる」という表現を子どもから引き出してまとめとする。

本時案

大きい方が勝ち！

本時の目標

・1000までの数の大きさを比べる方法を理解し，不等号を用いて数の大小を表現することができる。

授業の流れ

1 大きい方が勝ち！

クラスを２チームに分け，３位数の大小で勝敗を決めるゲーム形式の授業を行う。

ルール

・１回戦につき，各チーム３人ずつ裏返された数字カードを引く。
・引いた数字カードは，裏返したまま３桁の数の百の位，十の位，一の位の中で自分が貼りたい位に貼る。
・カードを表向けてできた数の大きい方が勝ち。

裏返した状態で並んだ３枚の数字カードは，最初は，教師がそれぞれのチームの一の位から順に１枚ずつ表に向けていく。後半，逆に百の位から表に向けることで，３位数の大小判断が上の位で決まるということを意識づけるようにする。

○月□日（△）

・２チームに分かれる。
・１人１まいずつカードを引き、うらがえしたままはりたいところにはる。
・はったカードの数が大きい方がかち。

大きい小さいをあらわすきごう

小 < 大

大 > 小

2 第１回戦！

早速ゲームを始める。各チーム３枚ずつ貼り終えると，教師が一の位，十の位，百の位と順番に数字カードを表向けにしていく。

子どもは，それぞれの位の数字が分かるたびに一喜一憂するので，その都度，勝敗が決まったのか確認し，百の位の数を見るまで結果は分からないということを意識づけていく。

3 こっちのチームの勝ち！

１回戦の結果を板書する場面で，勝敗を不等号で表す。このとき，数の大小を表す算数の記号に「<」，「>」があることを伝える。

不等号が表す意味を子どもに印象づけるため，体全体を使って大きい数の方に腕を広げるようなポーズをとらせてみてもよい。

そして，２回戦，３回戦と繰り返す。

本時の評価

・1000までの数の大きさを比較するとき，上の位から順に見ていけばよいことに気付くことができたか。
・不等号の意味を理解し，数の大小関係を正しく表現することができたか。

準備物

・1～9までの数字カード2セット（掲示用）

大きい方がかち！

Aチーム　Bチーム

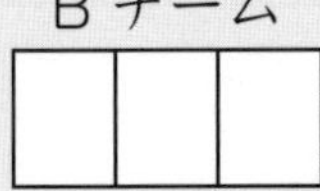

	Aチーム		Bチーム
①回せん	257	<	327
②回せん	837	>	154
③回せん	516	>	457
④回せん	734	<	948

百のくらいから見えるようにすると…

⑤回せん　⑨34 > 285

つまらない　すぐにわかる！

2組の1～9の数字カード（全部で18枚）を裏にしてランダムに並べる。

4 ちょっとルールを変えよう！

最後の対戦で，「今度は百の位から表向けよう」と言う。裏返した数字カードが3枚ずつ並んだところで，百の位のカードを表向ける。すると「やったー，勝った！」という声が上がる。同時に，「つまらない！」「すぐに勝敗が決まる」という声も上がる。

まとめ

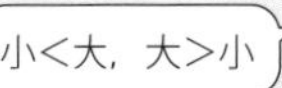

3位数の大小を比べるときには，最初に百の位の大小を見る。もし百の位が同じ数だったら十の位の大小を，それも同じならば一の位の大小を見て判断するという見方を確認する。

また，不等号のかき方と意味を再確認する。

本時案

どんな言葉が入るかな？

本時の目標

・「何十＋何十」や「何十－何十」の演算を行う場面を知り，10のまとまりに着目してそれぞれの計算の仕方を考えることができる。

授業の流れ

1 どんな言葉が入るかな？

本時では，「何十＋何十」や「何十－何十」の演算場面の存在に気付き，その計算方法を考えていく。導入では右の問題場面を書き，□の中に入る言葉を検討させることから始める。

買い物の場面であることはすぐに分かるので，子どもは「合わせて」とか「違いは」という言葉をイメージする。

本時では，「何十＋何十」の加法と「何十－何十」の減法を一気に扱う。その目的は，どちらの演算も10のまとまりを意識すれば，既習の加法・減法と全く同じ仕組みとなるということが強調されるからである。

○月□日（△）

50円のガムと80円のチョコレートがあります。
□ 何円ですか？

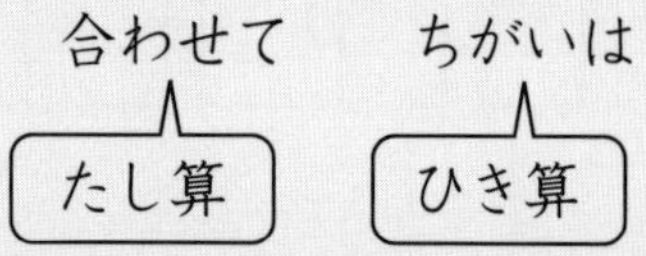

合わせて → たし算

ちがいは → ひき算

2 「合わせて」だったら？

最初に「合わせて」の場合について考える。子どもは，たし算になることはすぐにイメージできる。そして，50+80と立式することもできる。

そこで，あえて「おはじきを使って計算の仕方を説明しよう」と投げかける。

ここでは，50は10が５つ，80は10が８つという数の捉えを意識づけることをねらっている。また，10円玉とおはじきが形状的にも似通っているからでもある。

3 おはじき１個が10円玉だとすると

おはじきを指定することで，子どもから「おはじきが50個もない」という声が必ず上がる。結果的におはじきの使い方に子どもの意識が向かい，「おはじき１個が10円玉だと考えればいい」という新たな見方が現れる。

そして，50＋80は，10円玉が５個と８個だということを説明し，50＋80＝130でよいことが明らかとなる。

本時の評価

・「何十＋何十」や「何十－何十」の演算場面を，言葉に着目して意識することができたか。
・「何十＋何十」や「何十－何十」の計算を，10のまとまりの数に着目して計算することができたか。

準備物

・おはじき（掲示用）
・おはじき（児童用）

合わせてだったら？

しき　50＋80＝130

おはじきをつかってせつめいしよう！

50こもない！

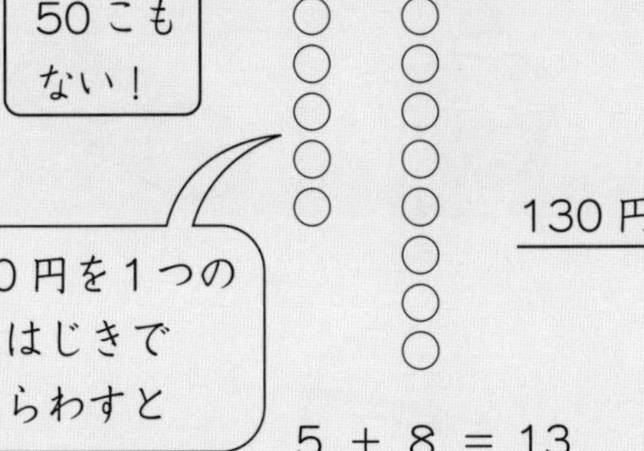

10円を1つのおはじきであらわすと

5 ＋ 8 ＝ 13

130円

ちがいはだったら？

しき　80－50＝30

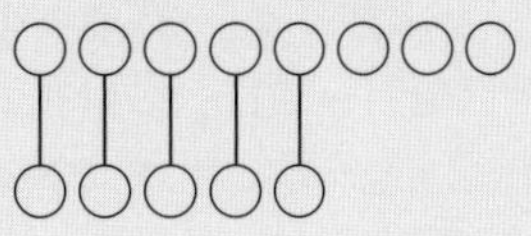

8－5＝3　30円

60＋60＝120　140－50＝90

80＋70＝150　120－60＝60

10のいくつ分か考えると計算できる。

4 「違いは」だったら?

どちらも50円と80円が10円のいくつ分かを考えれば説明できるね

次に「違いは」の場合について考える。子どもは，やはりおはじき1個を10円と見なし80円と50円の違いは10円玉8個と5個の違いだと言う。そして，80－50＝30だと説明していく。

まとめ

何百＋何百や何百ー何白でもできそう

何十という数を10のいくつ分と見れば今までに習った方法で計算できるということを確認するために，上記（板書右下）の計算問題を解かせる。

あえて140や120を見せて，3位数でもできそうだという見方を引き出すきっかけとする。

本時案

どのケーキを買おうかな？

8/9

本時の目標

・「何百＋何百」や「何百（1000）－何百」の演算場面を知り，100のまとまりに着目してそれぞれの計算の仕方を考えることができる。

○月□日（△）
300 円
200 円
400 円
400 円

授業の流れ

1 どのケーキを買おうかな？

本時では，「何百＋何百」や「何百－何百」の計算方法を考える。導入では次の問題場面を書き，あとからケーキの絵を4つ提示する。

「財布の中に1000円札と500円玉が入っています。ケーキを2つ買います。」

そして，「どのケーキを買おうかな？」と書き，「みんなだったら，どのケーキを買いますか？」と問うて，場面に対する関心を引き出す。

実際に子どもから現れたケーキの組み合わせが代金のたし算の式で表現できることを確認し，それぞれを式に書き表し，「どの代金が多いのかな？」とか「代金はいくらになるのかな？」という意識を引き出すようにする。

2 何百＋何百でも計算できる？

この前みたいに考えれば
いいね

未習である何百＋何百のたし算だが，子どもたちには抵抗感がほとんどない。「この前と同じだ」と言う。

今回は1個のおはじきが100円を表す。子どもがこのような見方を自然に意識できるようになることを大事にしたい。

3 代金はいくらになるのかな？

100 のかたまりで考える
と簡単！

200＋400（100円玉2個と4個）
300＋400（100円玉3個と4個）
400＋400（100円玉4個と4個）

どれも100円玉いくつ分という見方で説明できる。前時の見方の活用でもある。

本時の評価

・「何百＋何百」や「何百（1000）－何百」の演算場面の存在を意識することができたか。
・「何百＋何百」や「何百（1000）－何百」の計算を，100のまとまりの数に着目して計算することができたか。

準備物

・おはじき（掲示用）
・おはじき（児童用）
・ケーキの絵

さいふの中に1000円さつと500円玉が入っています。ケーキを2つ買います。

どのケーキを買おうかな？

だい金はいくらになるのかな？

200＋300＝500
500円

100円玉だと
2＋3＝5

200＋400＝600
2＋4＝6　600円
300＋400＝700
3＋4＝7　700円
400＋400＝800
4＋4＝8　800円

100のかたまりで考えるとかんたん

1000円はらうとおつりはいくらになるのかな？

1000－600＝400
10－6＝4
400円

○○○○ ○○○○○○ →

1000は100が10こ

1000－700＝300　300円
1000－800＝200　200円

4 1000円払うとおつりはいくら？

次に，支払い場面に着目する。財布の中にあるのは1000円札と500円玉だから，1000円札を支払っておつりをもらうことになることを確認する。そして，おつりの金額を問題とする。

1000－600　　1000－700　　1000－800

それぞれの計算の仕方も1000円が100円玉10個分であることをもとに，おはじきで確認していく。

まとめ

百のかたまりで見ればたし算もひき算も簡単！

「何百＋何百」のたし算も，「何百（1000）－何百」のひき算も100のまとまりの数を足したり引いたりすれば簡単に計算できることを，改めておはじきを操作することを通して確認する。

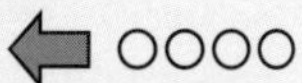

本時案

くじ引きをしよう！

9/9

本時の目標

・数の大小で当たりを決めるくじ引きをすることを通して，たし算やひき算の不等式の表現を知り，くじ引きの結果を的確に表すことができる。

○月○日　くじ引きをしよう！

30、40、50、60、70、80、90、100、110

引いた数が 30+50 より大きかったら当たり

当たり
90＞30+50　(引いた数＞30+50)
110＞30+50
70＜30+50　　外れ
(引いた数＜30+50)
80＝30+50　　おしい！

しきはことばといっしょ

授業の流れ

1　くじ引きをしよう！

30，40，50，60，70，80，90，100，110 の 9 枚の数字カードを使って，次のようなくじ引きをする。

・30 と 50 以外の 7 枚の数字カードを封筒に入れて「くじ」とする。
・封筒の中から取り出した「くじ」（数）が，「30＋50」の答えである80より大きければ当たり，小さければ外れとなる。

やり方が分かると，希望者にくじを引かせる。引いた数を見るとすぐに結果が分かる。その結果をノートに記録することにして，既に学習した不等号が下のような不等式でも使えることを教える。

（例）90＞30＋50　（引いた数＞30＋50）

2　80だったらどうするの？

80だったら，80＝30＋50
と表します

式は言葉と一緒だね

くじ引きを続けると，上の質問が現れる。

くじ引きの結果の表し方は，次の 3 つのタイプに分けられることを確認する。

100＞30＋50　（引いた数＞30＋50）
80＝30＋50　（引いた数＝30＋50）
60＜30＋50　（引いた数＜30＋50）

3　ルールを変えよう！

くじ引きのやり方と結果の表し方に慣れてきたところで，ルールを変更する。

・110 以外の 8 枚の数字カードを封筒に入れて「くじ」とする。
・封筒の中からくじ（数字）を 2 枚引き，その数を足した答えが 110 より小さかったら当たり，大きければ外れとする。

（例）30＋60＜110（引いた数の和＜110）
　　　当たり

本時の評価

・不等式の表現を知り，正しく表現することができたか。
・不等式は左辺と右辺の大小関係を表現する方法であることを理解できたか。

準備物

・30〜100の数字カード
・封筒

ルールをかえよう！

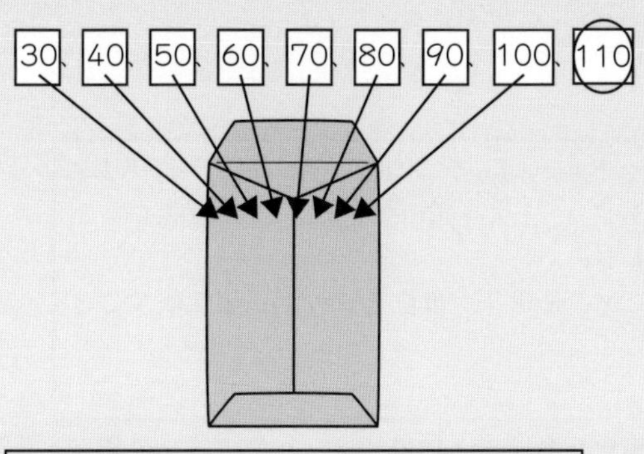

たした答えが110より小さかったら当たり

30+60<110　当たり
(引いた数+引いた数<110)
80+50>110　外れ
60+50=110　おしい！

1回目とちがって左右がぎゃくだね。

ひき算でくじ引きをしよう！

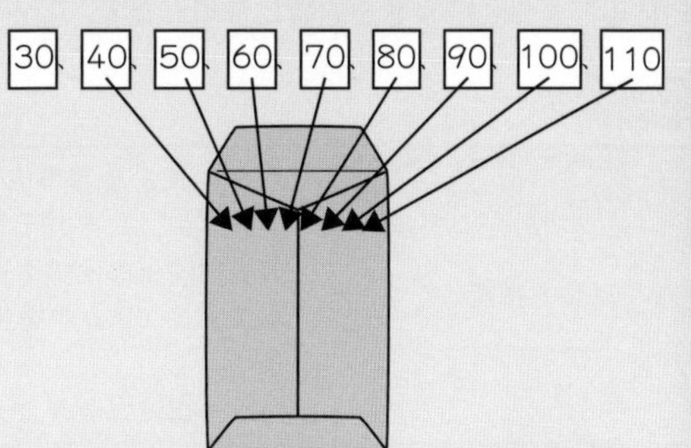

引いた数の「大きい数−小さい数」が30より大きかったら当たり

100−60>30
(引いた数−引いた数>30)
80−50=30　おしい！
60−50<30　外れ

「<」や「>」をつかうと、しきの左と右の大きさがちがうばめんもあらわせる。

4 ひき算でくじ引きをしよう！

最後に，「ひき算でくじ引きをしよう」と投げかける。

・30以外の8枚の数字カードを封筒に入れて「くじ」とする。
・封筒の中からくじ（数字）を2枚引き，その中の大きい数から小さい数を引いた答えが30より大きかったら当たり，小さければ外れとする。
結果の表し方は次のようになる。
（例）110−60>30（引いた数の差>30）

まとめ

3つのくじ引きを通して，体験した不等式をもとに，式は言葉と同じように意味を表していることを確認する。

また，左辺と右辺の大小関係を表現する不等式の場合，答えを書かなくても大小判断ができたところで，不等号が書けることを確認する。事実，2つ目や3つ目のくじ引きの場面では，くじを引いた瞬間から「当たり」と大小を判断することができているのである。

かさくらべ　8時間扱い

単元の目標

・かさの普遍単位（リットル（L），デシリットル（dL），ミリリットル（mL））を知り，単位を適切に選択してかさを測定することができる。
・目的に応じた単位でかさを的確に表現したり，比べたりすることができる。

評価規準

知識・技能	○かさを表す普遍単位（リットル（L），デシリットル（dL），ミリリットル（mL））を知るとともに，「1L＝10dL」「1L＝1000mL」などの単位同士の関係を理解する。 ○Lますや dL ますを用いてかさを量り，単位を使って正確に表すことができる。 ○かさの加減計算ができる。
思考・判断・表現	○単位を決めるとかさが数値化されることに気付き，かさの違いや和も計算によって表現することができると考えることができる。 ○かさを測定する目的や測定する対象に応じて適切な単位を選択し，的確に表現したり比べたりすることができる。
主体的に学習に取り組む態度	○かさの比較や測定に関心を持ち，身の回りのもののかさをLますや dL ますで測ろうとする。

指導計画　全8時間

次	時	主な学習活動
第1次 かさの比べ方と表し方	1	じゃんけんで勝ったら水を入れるゲームで，任意単位をそろえる必要性について考える。
第2次 かさの普遍単位	2	1L（リットル）の単位を知り，それを使ってかさを表す。
	3	1dL（デシリットル）の単位を知り，それを使ってかさを表す。
	4	Lと dL の単位を使って身の回りのもののかさを表す。
	5	1mL（ミリリットル）の単位を知り，L（リットル）や dL（デシリットル）との関係を理解する。
	6	かさの単位の関係に気を付けてかさの大小を比べる。
第3次 かさの計算	7	L（リットル）と dL（デシリットル），mL（ミリリットル）が混在したかさのたし算の仕方を考え，正確に計算する。
	8	L（リットル）と dL（デシリットル），mL（ミリリットル）が混在したかさのひき算の仕方を考え，正確に計算する。

単元の基礎・基本と見方・考え方

(1)かさの単位と測定

子どもは，第1学年の「かさ」の学習で，直接比較，間接比較，任意単位による測定の考えを体験した。第2学年では，かさの普遍単位を用いることの必要性に気付かせ，単位の意味について理解させるとともに，それを用いて正しく測定できるようになることをねらう。また，身の回りのものの特徴に着目し，目的に応じて適切な単位を選択してかさを的確に表現したり比べたりすることができるようになることもねらいの一つである。

ところで，子どもは本単元の学習以前に「長さ」の学習をしている。そこでは，長さの測定のためには共通する「1」となる大きさ，すなわち普遍単位の必要性について学び，実際に身の回りのものの長さを測定した。本単元で扱うのは「かさ」の測定であるが，既習の「長さ」の測定と関連付けて考えようとする見方や考え方を大事にしたい。特に，「かさ」にも普遍単位があるはずだと考えられることや，リットル（L），デシリットル（dL），ミリリットル（mL）という普遍単位を知った段階では，単位間の関係が「1L＝10dL」，「1L＝1000mL」というように10倍，1000倍の関係となっていることに「長さ」の単位の関係と似ているところがあると見られるようになることを大事にする。また，「長さ」のミリメートル（mm）と「かさ」のミリリットル（mL）には，どちらにもミリ（m）という単位の接頭語があることにも着目させ，単位の表現の仕方や意味に対する興味や関心を引き出すようにしたい。

(2)かさの見当と適切な単位

なお，実際にいろいろな入れ物の「かさ」をdLますなどで測定する場面において，「1L＝10dL」の関係を実感的に理解できるように配慮するとともに，dLますの量感覚を養うことを大事にする。dLますは，子どもの手のサイズにちょうどよい大きさであり，測定の操作もしやすい。具体的な入れ物の「かさ」を何度も量っていく中で，1dLの感覚を手に覚えさせていく。そうすることで，「かさ」の測定をする際に身の回りのものの大きさがだいたいどのくらいの大きさなのかという見当を付けることができるようになる。また，「かさ」の感覚が備わることで，測定する入れ物や測定する目的に応じて，適切な「かさ」の単位が選択できるようになり，正確に測定できるようになってくる。例えば，やかんは「L」，水筒は「dL」，牛乳は「mL」という具合である。やはり，大事なことは，いろいろなものの「かさ」を測定する体験を豊かにすることである。

(3)具体的な操作体験と思考・判断・表現

LますやdLますを使って測定する体験は，自然に「かさ」の量としての保存性の存在を意識していくことになり，「かさ」にたし算やひき算を適用できると考えられる素地となる。また，既習の「長さ」と関連付けて「かさ」のたし算やひき算を考えられるようになるのも，「長さ」の測定と「かさ」の測定を実際に体験していることが前提となる。具体的な測定場面での体験は，量に対する子どもの思考力・判断力・表現力を伸ばす基本となるものなのである。

本時案

これでは多いか少ないか分からない！

本時の目標

・かさを比べる場合には，器をそろえて比べる必要があることに気付くとともに，基準となる器を使えばかさが数で表現できることを理解することができる。

授業の流れ

1 じゃんけんゲームをしよう！

次のようなルールで「じゃんけんゲーム」を行う。

4人組のチームで一人ずつ全部で4回じゃんけんをする。そのとき，パーで勝てばコップ4杯分，チョキで勝てばコップ3杯分，グーで勝てばコップ2杯分の水をそれぞれのチームの水槽に入れることができる。最後にたくさん水が入っていたチームの勝ち。

ただし，このとき，相手チームの水槽はお互いに見えないように段ボールで隠しておく。また，水槽は同じ大きさのものを用意するが，実はコップの大きさは異なっている。

水道が近くにある特別教室のような場所で行うと都合がよい。

○月□日（△）

じゃんけんしてかてば

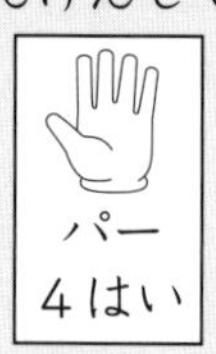

水そうの中にそれぞれの数だけ
コップの水を入れる。
多く水を入れた方がかち。

じゃんけんしてかてばいい！

①チーム

②チーム

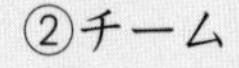

2 こっちのチームの勝ちだよ！

4回じゃんけんをした結果を板書にグー，チョキ，パーで表す。その結果をもとにどちらが勝ったか考えさせる。すると，例えば「4＋2＝6」とか「3＋2＝5」のように，コップ何杯分の水の量なのかをたし算の式で表す子どもが現れる。そして，どちらの勝ちかを考えたところで，段ボールを外して水槽の水の量を確かめる。すると…。

3 おかしい！ こっちの方が多い！ どうしてだろう？

想定外の結果に対する子どもの素直な反応を大事に扱っていくと，子どもは「どうして結果が予想と違っているのか」という理由を考え始める。そして，それぞれのチームが使っていたコップの大きさに着目する。

ここで，コップが異なっているという事実を確かめるとともに，同じ大きさでないといけないという考えを子どもに説明させる。

本時の評価

- かさを比べるときに，異なる器では比べにくいことに気付き，同じ器を使うよさに気付くことができたか。
- 基準となる器を用いれば，「○杯分」という数でかさを表すことができることを理解することができたか。

準備物

- 水槽 2 つ（大きさは同じ）
- コップ 2 つ（大きさが異なる）
- 水槽を隠す段ボール

たくさん水を入れた方がかち！

②チームの方が多いよ！

おかしい！ ①の方が6ぱいなのに！

どうしてだろう？

コップの大きさは同じなのかな？

同じコップをつかわないとくらべられない

同じコップでやってみよう！

やっぱり①チームの方が多い

コップ1つ分

水のかさは同じコップをつかうと，その何ばい分かという数であらわすことができる。

4＋2＝6

3＋2＝5

2回せん

①チーム 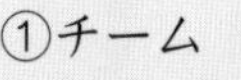 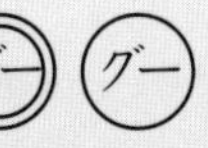   5はい分

②チーム    7はい分 かち

4 同じコップで確かめてみよう！

子どもなりの理由を確認したところで，改めて，同じコップを使って，考え通りになるか確かめる。予想通り，数が大きくなると水槽の水も多くなるという事実をもとに，同じコップを使うと，水のかさはその「○杯分」という数だけで多少を判断できることを確認する。

同じ水槽とすることで，かさを間接比較できる状況設定としている。

まとめ

再度，他の 2 チームの対戦をもとに，水の量を比較する。そして，コップ「○杯分」という数と実際の量を確認する。また，コップ「○杯分」という数を使えば，最初のチームの水の量と比べることもできることに気付かせる。

そして，水のかさは，同じコップを使うとその何杯分という数で表すことができるということを板書して整理する。

本時案

どこでも比べられるようにするには？

2/8

本時の目標

・かさをどこでも比べられるようにするには，「長さ」同様に共通の基準となる単位が必要であることに気付くとともに，「L」という単位を知り，その量感を体験することができる。

授業の流れ

1 昨日のコップはクラスの中だけの共通だよね

前時に学習した同じコップを使う意味やよさを確認した後で，「でも，昨日のコップはクラスの中だけの共通だよね」と投げかける。そして，「どこでもかさを比べられるようにするにはどうすればいいのかな？」という問題を設定する。

子どもたちは，既に「長さ」の学習で同様の見方・考え方を体験している。だから，「長さ」のときのように，世界で使える単位があるはずだという考えが生まれやすい。また，身の回りに存在する「L」を目にしたり，耳にしたりしている子どもも多く，話題は自然にかさの単位に向かっていく。

○月□日（△）

長さ… cm、mm

せかいきょうつう

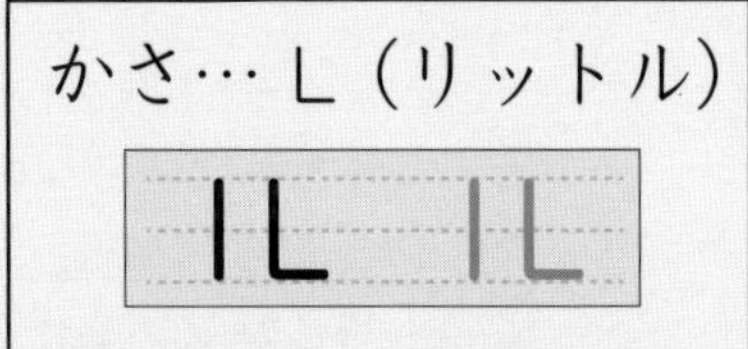

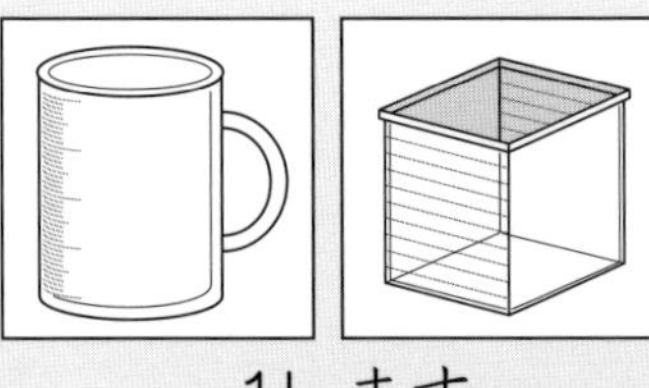

「長さ」の単位（cm，mm）の学習と関連付けようとする考えを価値付けて，板書にも残す。

2 かさを表す単位に「L」（リットル）があります。

かさの単位に「L」があることを伝え，「リットル」と読むことや，書き方を指導する。特に数字とのバランスを意識させるために「1L」と書かせる。

そして，本物の1Lます（立方体と円柱のます）を見せて，どちらも同じかさであることを伝えた上で視覚的に器の大きさを意識させる。

3 Lますを使ってみよう！

実際に身に回りにあるいろいろな入れ物のかさをLますを使って確かめる活動を設定する。最初は，立方体と円柱の1Lますが本当に同じかさなのかということを確かめさせる。次に，バケツ，ペットボトル，牛乳パック等のもののかさが1Lます何杯分あるのかを調べさせる。そして，このように何杯入るか調べることを，「かさを量る」と表現することを指導する。

本時の評価

・かさをどこでも比べられるようにするためには,「長さ」と同様に共通の基準となる単位が必要であることを意識することができたか。
・「L」という単位を知り,その量感を意識することができたか。

準備物

・1Lます ・鍋
・バケツ ・水筒
・ペットボトル ・ボウル
・牛乳パック ・やかん 等

どこでもかさをくらべるのはどうすればいいのかな?

1Lますをつかって水のかさをはかってみよう!

かさも「はかる」という

バケツ

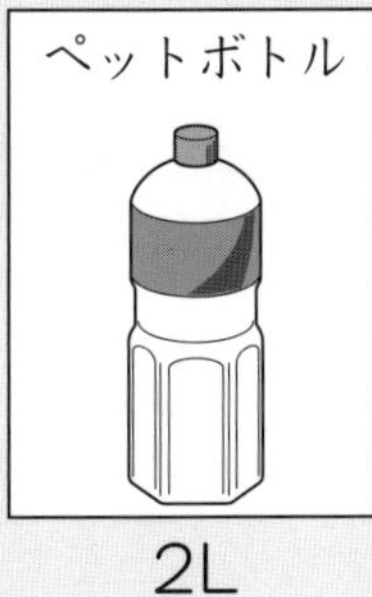

3L

ペットボトル

2L

牛にゅうパック

1L

1Lの水をいろいろな入れものに入れてみよう!

あふれるかな? どこまで入るかな?

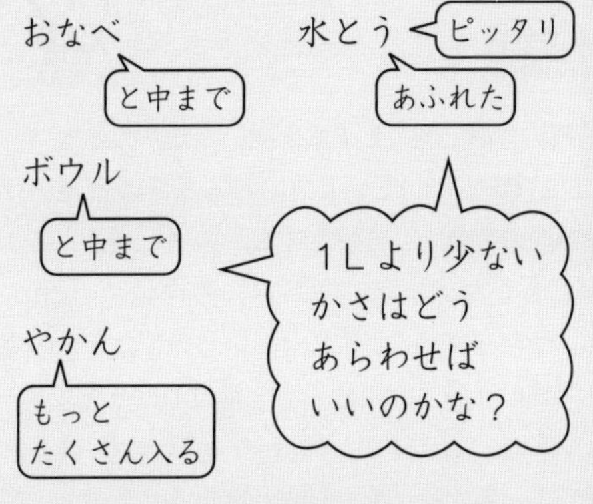

おなべ と中まで
水とう ピッタリ あふれた
ボウル と中まで
やかん もっとたくさん入る

1Lより少ないかさはどうあらわせばいいのかな?

1Lは「〜と同じ」「〜だとあふれる」「〜だと途中まで」という表現を記述して,相対的な量の捉えを意識させる。

4 1Lはどれくらいの量なのかな?

今度は,ぴったり1Lの水をいろいろな入れ物に入れて,どれだけ入るのか確かめさせる。これは,1Lという量がどれくらいの量なのかを,具体物を通して相対的に意識させることをねらった活動である。「ぴったりだった」「あふれた」「途中までだった」「半分より少ない」……これらの見方を通して,1Lの量感を身に付けさせていく。

まとめ

1Lは牛乳パックと同じ
1Lはペットボトルの半分

実際に活動した結果を文字で残すことで,1Lの量感をより一層自覚させる。

また,「他の入れ物の量も調べてみたい」とか,「1Lより少ないかさはどうすればいいのだろうか」というような新たな問いを引き出して,次時につなげるまとめとする。

本時案

1Lより少ないかさはどのように表すのかな？

3/8

本時の目標

・1Lより少ないかさを表すためには，「長さ」同様に下位単位が必要であることに気付くとともに，「dL」という単位を知り，1Lとの関係を理解することができる。

授業の流れ

1 1Lより少ないかさはどうすればいいのかな？

前時に体験した1Lますを用いたかさの測定で，1Lに足りない，1Lよりあふれるかさの表現の仕方を本時の問題として設定する。

子どもたちは，既に「長さ」の単位に「cm，mm」が存在することを知っているので，かさの場合も同様の見方・考え方で下位単位の存在をイメージしやすい。

そこで，新たに「dL」（デシリットル）を教え，読み方と書き方を指導する。また，「長さ」で「2cm 3mm」と2つの単位をつなげて書いたように，かさも「○L○dL」とつなげて書くことを伝える。これらは，確実に教師が子どもに教えることである。

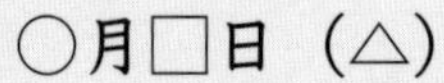

やかん

1dL ます

1dL デシリットル

何ばいで1Lになるのかな？ 10ぱい

1L＝10dL

予想したことを板書に書いた後で，実際に確かめてみる。

2 「1dL」（デシリットル）はどれくらいの量なのかな？

「1dL」という単位の量の大きさを確かめる。そこで，新たに1dLますを用意し，1Lますの中に何杯入りそうか予想させた後で，実際に水を使って確かめさせる。

やってみると1dLます1杯分で，1Lますの目盛り1つ分ぴったりだということに気付く。最後まで入れてみると，ちょうど10杯で1Lになることがはっきりする。

3 1L＝10dLなんだから……

前時に1Lますを使ってかさを量ったいろいろな入れ物を，今度は1dLますで量る活動を設定する。このとき，教師は，あえて1dLますを使って入れ物のかさを量るという姿勢を子どもたちに示し，逆に子どもたちから量らなくても分かるという声を引き出す。そして，「だって，1L＝10dLなんだから…」という単位の関係に目を向けた子どもの見方を価値付けていく。

本時の評価

- 1Lより少ないかさを表すためには，「長さ」と同様に下位単位が必要であることを意識することができたか。
- 「dL」という単位を知り，1Lとの関係を理解することができたか。

準備物

- 1dLます
- ペットボトル
- 1Lます
- 牛乳パック
- バケツ
- やかん

1L より少ないかさはどのように あらわすのかな？

長さのときにはcmの下にmmがあったから… L より小さいたんいがあればいい。

長さの書き方に にている

2L4dL
(L のあとに dLをかく)

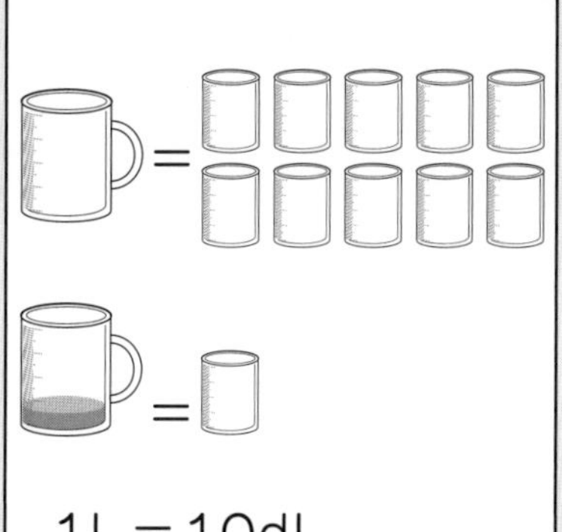

1L＝10dL

きのうのバケツ、ペットボトル、牛にゅうパックは何 dL なのかな？

3L	2L	1L
30dL	20dL	10dL

こうなるはず！

じっさいにたしかめてみよう！

まちがいない！

1L＝10dL だから○杯になるはずという見方を価値づけた後で，実際に水を使って確かめるようにする。

4 でも，やっぱり確かめてみたい！

3L＝30dL，2L＝20dL，1L＝10dL，確かに単位の関係からこうなりそうだということは分かる。「でも，やっぱり確かめてみたい」というのが子どもである。

板書にはこうなるはずだという数を書いた後で，実際に1dLますを使って確かめさせる。理論と具体を結びつける活動は，実感的な理解を促すことにつながる。

まとめ

1Lと1dLは分かったけど

1dLに足りないのはどうすればいいのかな？

「1Lより少ないかさはどうすればいいのだろうか」という問いに基づいた活動を行うと，同様に「1dLより少ないかさはどうすればいいのだろうか」という新たな問いが生まれてくる。子どもの問題意識の連鎖である。数学的活動の具体的な姿でもある。

本時案

1dL ますをつくって量ってみよう！

4/8

本時の目標

・1dL ますをつくって，いろいろな入れ物のかさを測定することを通して，1dL の量感を身に付けるとともに，かさによっては 1L ますと 1dL ますを組み合わせて使った方がよいことに気付く。

授業の流れ

1 1dL をつくってみよう！

本時では，自分専用の 1dL ますをつくる。

つくり方は，まず透明の使い捨てのコップを用意し，それに学校の 1dL ますで量った水を移して，1dL のところに油性ペンで線を引くというものである。

自分専用の 1dL ますが手に入ると，子どもは自由にいろいろなもののかさを測定することができる。そして，1dL の具体的な量感を身に付けるとともに，測定する体験自体も豊かにしていく。

この 1dL ますは自宅にも持ち帰れるので，本時だけではなく，授業後にも使える道具となる。

○月□日（△）

つくり方

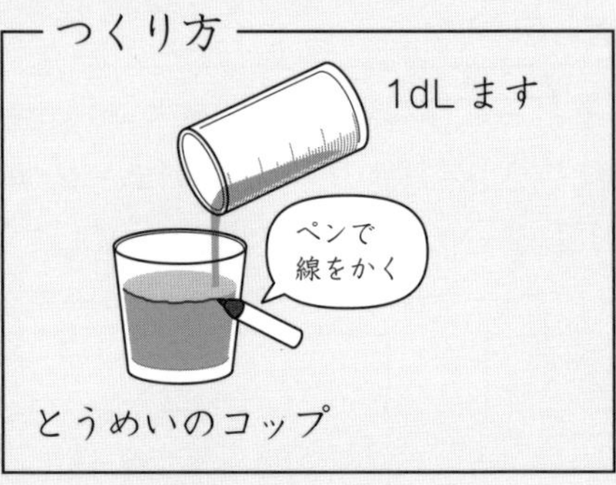

水とう　6dL とちょっと

ペットボトル　5dL とちょっと

小さいペットボトル　3dL とちょっと

小さい牛にゅうパック　2dL とちょっと

測定したかさを黒板に書いて，友達と一致しているか確かめさせる。

2 1dL ますでいろいろなかさを量ってみよう！

教室には予め洗面器ややかん，バケツ，牛乳パック，花瓶，ペットボトル，空き缶等をたくさん用意しておく。子どもたちは自分がかさを量りたいものを一つ決めて，かさを予想した後で自分の 1dL ますで水を使って確かめさせる。一つの入れ物が終わると次の入れ物を試すを繰り返し，1dL の大きさの感覚を養っていく。

3 1dL ますだと面倒くさい

洗面器やバケツ，やかんなどのかさを量っている子どもは，1dL ますだと何杯も量らなければならないということを体感し，例えば，「今，何杯入れたか分からなくなった」とか，「入れるのが面倒くさい」と感じ始める。そして，改めて 1L ますの存在を意識し，1dL ますと組み合わせて使うと便利そうだということを意識し始める。

本時の評価

- 1 dL はこれぐらいの量という具体的なイメージを持つことができたか。
- 1 L より大きなかさは，1 L ますを先に使って，はしたを 1 dL ますで量れば量りやすいということを意識することができたか。

準備物

- 1 dL ます
- 1 L ます
- 透明のコップ
- 洗面器
- バケツ
- やかん 等

1dL のますをつくって、いろいろなかさをはかってみよう！

花びん　12 dL とちょっと

バケツ　50 dL とちょっと

L ますをつかう方がらく ＜ 5L

せんめんき　22 dL とちょっと

2L2dL

（2L と 2dL）

（＋）

- L ますと dL ますをくみ合わせてつかうとはかりやすい。
- まずLますをつかって、1L より少なくなったら dL ますをつかう

家でもLや dL と書かれたものをさがしてみよう！

かさもはかってみよう！

L と dL を組み合わせてかさを表記するよさを子どもが体感した言葉を板書して，価値づける。

4 1 L ますと 1 dL ますを組み合わせて使ってみよう！

洗面器やバケツ，やかんなどのかさを，1 L ますと 1 dL ますを組み合わせて量ってみる。すると，子どもは自然に 1 L ますから使い始める。そして，1 L に足りないかさを 1 dL ますで量る。効率よく測定する方法を体験を通して獲得していく姿であり，教師はしっかり価値付けるようにする。

まとめ

本時の終末には，かさの測定の仕方及び，かさの表記を確認するとともに，家にあるいろいろな入れ物のかさを自分の 1 dL ますを使って量るように促す。

同時に，家にある入れ物で「L」「d L」の表記を見つけることを課題として示す。自分の 1 dL ますを使って測定したかさを，具体的な表記と対応させるとともに，新たな下位単位の存在に気付かせるきっかけとする。

本時案

L，mL を見つけたよ！

5/8

本時の目標

・身の回りにあるかさの単位に目を向けることで，新たなた単位である「mL」の存在に気付き，その量の大きさや「dL」，「L」との関係を理解することができる。

授業の流れ

1 L，mL を見つけたよ！

前時の終わりに与えた課題の結果を確かめることから授業を始める。家にある入れ物に書かれている「L」等の表記を探してきた子どもたちは，具体的な入れ物とそこに書かれていた記号を紹介し始める。

その中には，新たな記号として「mL」を紹介する声もある。そして，「mL」の記号は，筆記体を含めてたくさんの入れ物に書かれているという事実が確かめられる。一方，「dL」はいくら探してもが見つけられないという。

そこで，「mL」の記号の読み方と書き方を確認する。そして，その単位の意味と大きさが，子どもにとっての新たな問題となる。

○月□日（△）

牛にゅうパック　1000mL

200mL

かんジュース　350mL

dL より小さいかさのたんい

1 mL （ミリリットル）

長さの㎜（ミリ）とにている

調べてきた記号を，筆記体等に気を付けて忠実に書き，同じ記号でも書き方が異なることを意識づける。

2 1 mL はどれぐらいの量なのかな？

「1 mL」がどれぐらいの量を表しているのか想像させるために，「1 dL」より多い量なのか少ない量なのか検討させる。多くの子どもは，給食で飲む牛乳パックに書かれた「200mL」を理由に「少ない」と考える。また，1 L の牛乳パックには「1000mℓ」とも書かれている。このことから「1 L ＝ 1000mL」であり，1 mL は 1 dL より小さいかさを表す単位であることを確認する。

3 mL と dL，L の関係を整理しよう

1 L の牛乳パックに書かれている記号をもとに，まず，「1 L ＝ 1000mL ＝ 10dL」という関係を確認する。そして，「1 dL ＝ 100mL」という関係を導き出す。

実際に 1 mL ますと 1 dL ます，L ますをグループに 1 つずつ用意して，その大きさを自分の目と手で実感させる。

本時の評価

・身の回りにあるかさの単位に関心を持ち，「L」や「mL」の表記がたくさん存在することや，逆に「dL」は見つけられないという事実を意識することができたか。
・「1 mL」の大きさを，「L」や「dL」と関係づけて理解することができたか。

準備物

・1 mL ます
・1 cL ます
・1 dL ます
・1 L ます
・cL 表記の写真

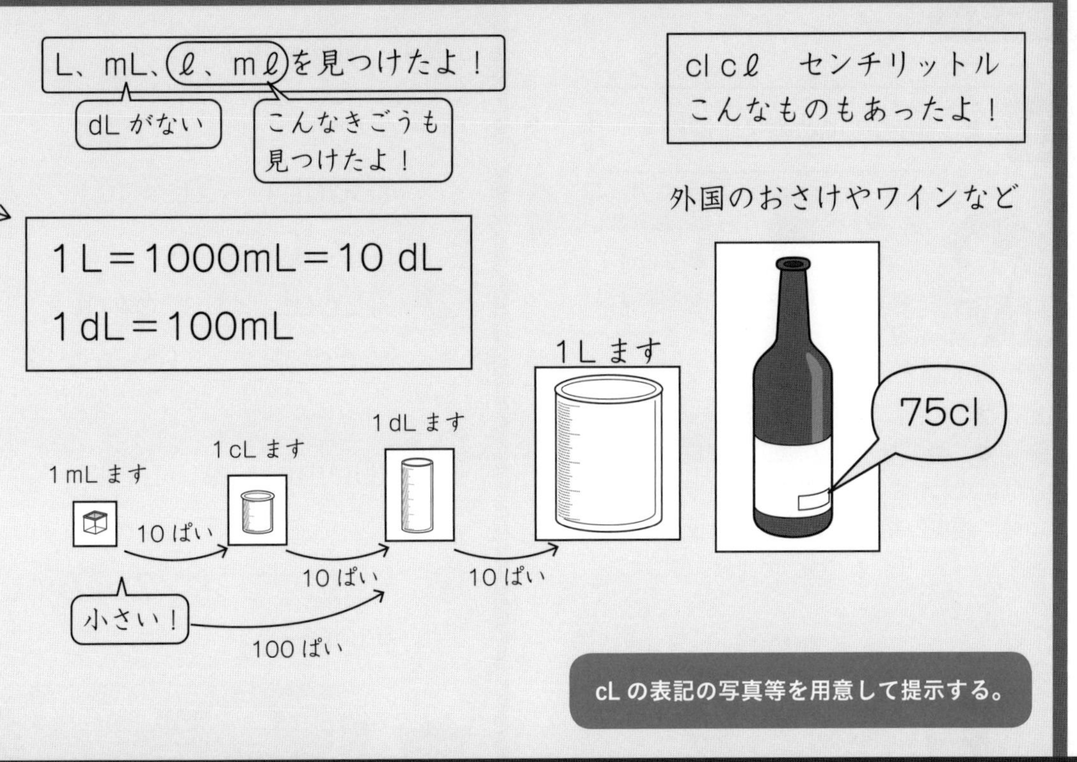

4 こんな記号もあったよ！

さらに「こんな記号もあったよ」と言って「cL」（センチリットル）を紹介する子どもがいるかもしれない。もしいなければ，教師が紹介してもよい。ヨーロッパのワイン等のお酒や調味料の中には「cl」と書かれているものが多い。これはあくまで発展的な扱いであるが，m（ミリ），c（センチ），d（デシ）の関係を体験しておくことには意味がある。cL ますを見せてあげられれば，なおよい。

まとめ

本時の終末には，家で見つけてきたいろいろな入れ物に書かれたかさの単位（mL, cL, dL, L）を確認するとともに，それぞれが10倍ずつの関係（10mL＝1 cL，10cL＝1 dL，10dL＝1 L）で L の前に付く記号が変わっていることを確認する。

本時案

どっちが多いのかな？

本時の目標

・「どっちが多いのかな？」ゲームを通して，かさの単位の関係に対する理解の習熟を図ることができる。

授業の流れ

1 どっちが多いのかな？1回戦

最初に「□L対□□□dL」と板書し，□の中に数字カードを入れてかさの大小を判断する場を示す。ここでは「それだと絶対にdLの方が大きくなる」という声を引き出すことで，LとdLの関係を確認する。

そして，場面を「□L対□□dL」と改めて，かさの大小を判断する活動を行う。このとき「■L対■□dL」の■の数で決まるという事実をもとに，「L」と「dL」の関係を確認する。

うわっ，負けた！
ここの数で大小が決まるね

○月□日（△）

① 3L > 27dL
(30dL) (2L7dL)

② 4L6dL < 64dL
(46dL) (6L4dL)

③ 200mL = 2dL

④ 3L > 2546mL
(3000mL)

あえて余分な□（位）を提示することで，数値が対応する位を意識するように仕向ける。

2 どっちが多いのかな？2回戦

2回戦として「□L□dL対□□dL」に数字カードを入れて大小を判断する。1回戦との違いは「□L□dL」となっているところである。この場合「◆L◎dL対◆◎dL」の◆と◎の数値が対応する。

ゲームを通して，数値の対応を意識するようになることで，LとdLの関係を明確にすることをねらう。

3 どっちが多いのかな？3回戦

3回戦として「□□□□mL対□dL」を示す。ここでも「これでは絶対にmLが大きくなる」という反応を引き出すことで，「100mL＝1dL」の関係を意識させる。そして，「■□□mL対■dL」の■の数値が対応しており，■の大小で決まるということを明確に理解させる。

本時の評価

- 「L」と「dL」で表記されたかさの数値が対応する位を見つけることができたか。
- 「dL」と「mL」で表記されたかさの数値が対応する位を見つけることができたか。
- 「L」と「mL」で表記されたかさの数値が対応する位を見つけることができたか。

準備物

- 1～9の数字カード（2セット）

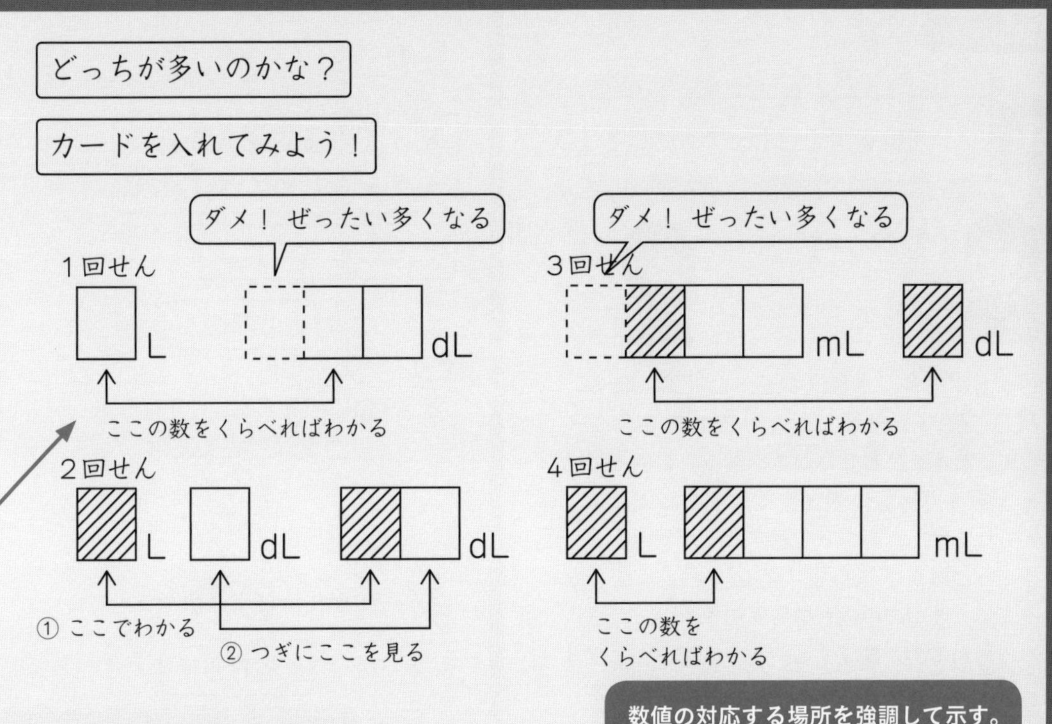

4

4回戦として「□L対□□□□mL」を行う。ここでは，「1L＝1000mL」の関係の理解を深めることをねらう。

そして，「■L対■□□□mL」の■の数値が対応しており，その■の大小でかさの大小が決まるということを明確に理解させる。

まとめ

本時では，本単元で学習してきた「L」，「dL」，「mL」の単位の関係をゲームを通して再確認しつつ，習熟を図る。

本時の終末には，改めて数値の対応する場所を確認しながら，以下の関係を整理する。

1L＝10dL
1dL＝100mL
1L＝1000mL

本時案

入っている水を合わせたかさは？

本時の目標

・かさにも加法が適用できることを理解し，かさの単位に気を付けて正しく計算することができる。

授業の流れ

1 入っている水を合わせたかさは？

長さのたし算に似ているね

ペットボトル，水筒，ポット，花瓶，缶の5種類の容器を提示し，それぞれの容器に入っている水を合わせたかさを問う。これまでにＬます等で実際に測定する体験をしている子どもたちは，水のかさも足すことができるということに対して 抵抗感はない。

そこで，５つの中のどの容器のかさだったら簡単に分かるのか確認する。ペットボトルと水筒，ペットボトルとポット，ペットボトルと花瓶だと簡単だという子どもが多い。その背景には，ペットボトルのかさが２Ｌで，長さのたし算と同様に計算できるという見方が働いている。

○月□日（△）

入っている水を合わせたかさをもとめよう！

かんたんなのは？

たし算だ！

ぺと水

2L＋8dL＝2L8dL

つなげて書くだけ

長さと同じように

たんいを書いたしきになる

ぺとポ

2L＋3L5dL＝⑤L5dL

Lだけたす

子どもが簡単だと思う組み合わせから順に扱い，その理由を確認する中で長さの計算との類似点を整理する。

2 じゃあ，ポットと花瓶だったら？

最初の組み合わせとは異なり，Ｌと dL の数値の組み合わせでかさが表現されるポット（２Ｌ２dL）と花瓶（１Ｌ２dL）の水を合わせたかさを問題とする。

ここでも長さのたし算と関連付けた考えを価値付けていく。すなわち，ＬはＬ同士，dL は dL 同士を足すという考えであったり，かさの単位を dL に換えて計算するという考えである。

3 難しいのは？

同じ単位にそろえれば
いいね

次に，「簡単」と思わなかった組み合わせを意識させる。 例えば，水筒（８dL）と缶（500mL）は単位が異なる。しかし，子どもは，ここまでの活動の体験から，どちらも単位を dL あるいは mL にそろえればたし算ができると考える。

本時の評価

・「L」と「dL」や「dL」と「mL」で表記されたかさの加法の計算の仕方を考え，計算することができたか。
・かさの加法の計算の仕方を，長さの加法の計算の仕方と関連付けて考えることができたか。

準備物

・ペットボトル
・水筒
・ポット
・花瓶
・缶

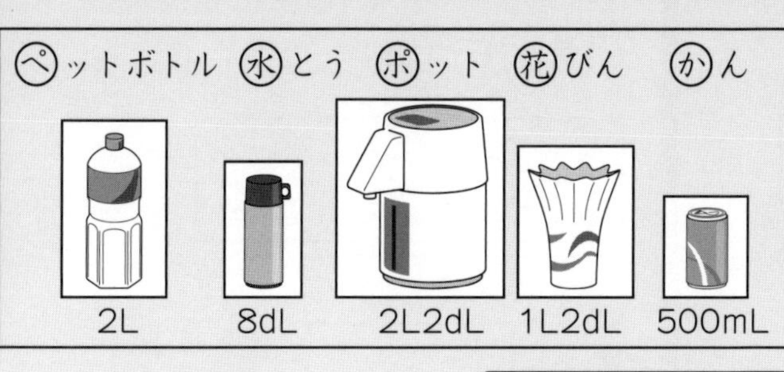

むずかしいのは？

㊌と㋕
8dL＋500mL
たんいがちがう ⇒ 同じたんいにそろえる

8dL＋5dL＝13dL
800mL＋500mL＝ 1300mL

だったら㋬と㊋
2L＋1L2dL＝3L2dL

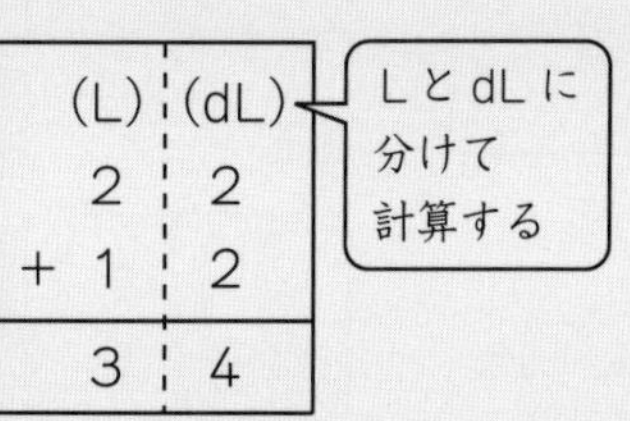

じゃあ ㋭と㊋だったら？
2L2dL＋1L2dL＝3L4dL

長さににている

dL にかえて
22 ＋ 12 ＝ 34
dL dL dL

㊋と㋕や㋭や㋕も
できるかな？

新たな問題意識を板書して強調する。

4 だったら，これも足せる？

単位をそろえて，
同じ単位同士を足して……

さらに，まだ取り上げていない組み合わせについて考える。

例えば，花瓶（1L2dL）と缶（500mL）や，ポット（2L2dL）と缶（500mL）のたし算である。これらを通して，本時で学習した考えの習熟を図る。

まとめ

異なる単位で表されるかさのたし算は，同じく異なる単位で表される「長さ」のたし算と以下のような点で似ている。

・同じ単位同士の数値を足す。
・同じ単位にそろえて足す。
・「L」⇒「dL」⇒「mL」と，大きな量の単位から順に書く。
・「L」，「dL」，「mL」の関係を正しく理解していることが大事になる。

本時案

入っている水のかさの違いは？

本時の目標

・かさにも減法が適用できることを理解し，かさの単位に気を付けて正しく計算することができる。

授業の流れ

1　入っている水のかさの違いは？

前時のかさの加法場面で扱ったものと同じ素材を提示し，本時では，５つの容器のかさの違いを問う。前時と同じ容器の場面であるため，かさの違いもひき算で求められるという見方を子どもは意識しやすい。

そこで，本時でも，子どもが「かさの違いが簡単に分かる」と考える組み合わせから確認する。すると，ペットボトルとポット，ポットと花瓶だと言う。加法場面では，ペットボトルと水筒の組み合わせが最も簡単だったのに，今回は現れない。その理由を意識させることで，簡単だと思う組み合わせは「L」「dL」に分けて引けばよいという考えが意識されていく。

○月□日（△）

入っている水のちがいをもとめよう！

かんたんなのは？

ぺとポ

2L2dL－2L＝5dL

(L)	(dL)
2	2
－ 2	
	2

LとdLに分けて計算する

ポと花

2L2dL－1L2dL＝1L

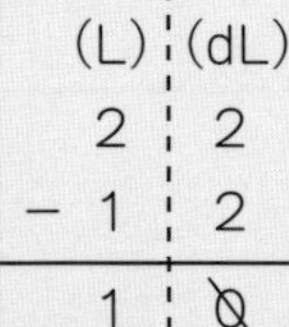

(L)	(dL)
2	2
－ 1	2
1	0̸

子どもが簡単だと思う組み合わせから順に扱う。たし算との違いに着目し，その理由を確認する中でひき算の仕方を検討させる。

2　ペットボトルとポット，ポットと花瓶

実際にひき算してみる。筆算のように「L」と「dL」に分けて計算すれば簡単に引くことができる。特にこの組み合わせの場合，引くときに繰り下がりがないことも明らかになる。

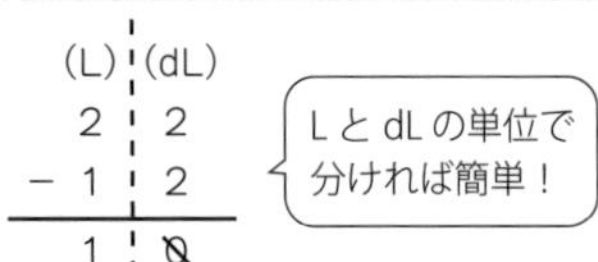

(L)	(dL)
2	2
－ 1	2
1	0̸

3　難しいのは？

加法場面では簡単だったペットボトル（２L）と水筒（８dL）のかさの違いについて考える。今回，子どもたちが「簡単だ」と言わなかった理由は，単位の違いである。たし算ではつなげて書けばよかったので簡単だったが，ひき算は違う。しかし，単位が異なる場合には，単位をそろえば計算できるという考えが意識されることになる。ここではdLに揃えて，20－８＝12（dL）と計算できる。

本時の評価

・「L」と「dL」や「dL」と「mL」で表記されたかさの減法の計算の仕方を考え，計算することができたか。
・かさの減法の計算の仕方を，加法の計算の仕方と関連付けて考えることができたか。

準備物

・ペットボトル
・水筒
・ポット
・花瓶
・缶

(ペ)ットボトル　(水)とう　(ポ)ット　(花)びん　(か)ん

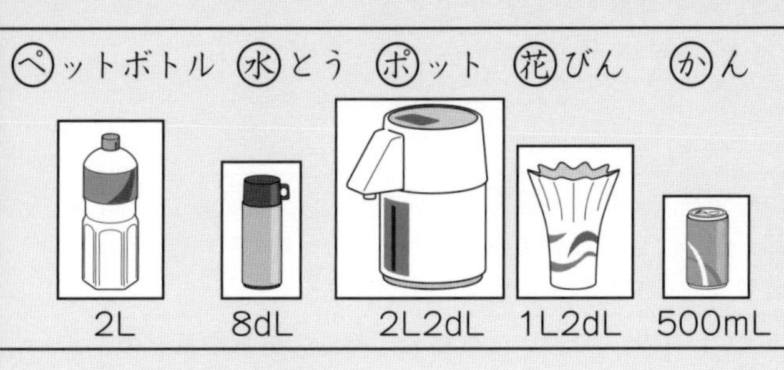

むずかしいのは？

(ペ)と(水)　たすのはかんたんだったよ！

2(L)－8(dL) = 1L2dL

たんいがちがう ⇒ 同じたんいにそろえればいい！

20 － 8 ＝ 12　　12dL＝1L2dL

dL　dL　dL

(水)と(か)だったら？

8dL－500mL
＝8dL－5dL＝3dL

8dL－500mL
＝800mL－500mL＝300mL

dL か mL にそろえればいい

かさのひき算もたし算と同じように計算できる

新たな問題意識を板書して強調する。

4 だったら，これも引ける？

ひき算も単位をそろえれば計算できる

単位が異なるかさのひき算として，dL と mL の組み合わせのひき算について検討する。例えば，水筒（8dL）と缶（500mL）。この場合は，dL にそろえると，8－5＝3（dL），mL にそろえると，800−500=300（mL）と計算できる。単位をそろえて計算する考えのよさを意識づけていく。

まとめ

異なる単位で表されるかさのひき算は，たし算と同様に以下のような方法で計算することができる。

・同じ単位同士の数値を引く。
・同じ単位にそろえて引く。
・「L」，「dL」，「mL」の関係を正しく理解していることが大事になる。

ここでは，ひき算の計算の仕方をたし算の考えと関連付けて整理することを大事にしたい。

時こくと時間　4時間扱い

単元の目標

・日，時，分について知り，それらの関係や時間の意味を理解することができる。
・時間の単位に着目し，日常生活の時刻や時間を意識して，自分の生活に生かすことができる。

評価規準

知識・技能	○日，時，分について知り，それらの関係を理解する。 ○時間の意味を時刻と関係づけて理解する。 ○簡単な場合に，必要な時刻や時間を求めることができる。
思考・判断・表現	○時間の単位や「午前」「午後」の違いに着目し，時計の長針や短針の動きから時刻や時間を捉えて自分の生活を時間という観点から見直す。
主体的に学習に取り組む態度	○時間の意味やその求め方に関心を持ち，日常生活場面の時刻や時間を意識し，自分の生活改善に生かす。

指導計画　全4時間

次	時	主な学習活動
第1次 時刻と時間の違いについての理解	1	時刻と時間の違いを意識し，時間の単位に「時間」と「分」があることを知る。
第2次 日，時，分の関係の理解	2	1日が24時間であることを知り，午前と午後を意識して時刻を読む。
	3	1時間が60分間，1日が24時間という関係を，ゲームを通して体験する。
第3次 時間と時刻の関係の定着	4	特定の時刻の□時間後の時刻や，□時間前の時刻を考える。

単元の基礎・基本と見方・考え方

(1)時間の意味

第１学年では，日常生活の中で時刻を読んだり，具体的な時刻をもとに日常生活を捉えたりすることを体験した。第２学年では，そのような時刻に関する体験をもとにして，まず，ある時刻からある時刻までの間隔を表す時間の意味を明確にする。子どもたちの身の回りで用いられている時刻や時間に関する言葉の中には，時刻と時間の区別が明確ではない表現も多いため，時刻と時間の意味を区別して，対象としているものが時間なのか時刻なのかを判断する必要がある。それは，例えば「朝６時に起きてから家を出る７時までは１時間」というように，「６時」と「７時」は時刻で，その間の時間が１時間になっているというように，時刻と時間の区別を具体的な場面を通して確かなものにしていくことが大事になる。

(2)時間の単位と関係

上記のように，時間は，時刻のある点からある点までの間隔の大きさを表す量である。例えば時計の長針が１回転する時間は１時間である。ただし，１時間は60分間でもあり，同じ時間でも単位によって表される数値が異なってくる。そのため，本単元では時間の単位として「時間」，「分」，そして「日」を教え，それぞれの単位の関係を理解させていく。

まず，長針が１回転する間に短針は１めもり動く。つまり，長針が60分間動くと短針は１時間分進む。また，短針が１回転するのには12時間要するが，１日には短針が２回転しているという事実から１日が24時間であるという関係を捉えさせる。なお，指導に当たっては，図や，時計の模型等の操作を通して具体的に理解させていく。さらに，日常生活で子どもが経験している「昼前」「昼すぎ」という表現及び時間の感覚をもとにして，「午前」「正午」「午後」の表現及び時間帯を意識させ，１日の中に午前や午後はそれぞれ12時間ずつあることを理解させる。

(3)時間の単位に着目し，時刻や時間を日常生活に生かす

時間の単位に着目し，短針や長針の動きをもとに経過した時間を捉えるという行為は，自分たちの日常生活を自覚するために必要なことである。例えば，給食の始まりから終わりまでの時間を調べて食事のペースを意識することや，朝起きてから寝るまでの１日の自分の生活を「午前」「午後」を意識して表現，整理することで，自分自身の生活リズムを意識したりすることがその一例である。本単元の学習を通して，日常生活における時間の使い方を工夫したり，時間の過ごし方について努力して改善しようとしたりする態度を子どもに養うことも大事なねらいである。

(4)単位間の関係理解を促すゲーム活動

１時間＝60分間，１日＝24時間，この「60」と「24」は，どちらも子どもにとっては中途半端に感じる数である。言い換えれば感覚的に捉えにくいまとまりを表す数なので，遊びを通して何度もこれらの時間の単位の関係を意識するように仕向けたい。そのため第３時では，パターンブロックを用いたゲーム活動を設定し，１時間が60分であることを操作と視覚を通して体験できるようにした。このような遊びを通して得られる体験は，子どもに時間の単位間の関係に対する感覚を養っていくことになる。

本時案

今，何時かな？

本時の目標

・「時刻」と「時間」の違いや，「1時間＝60分間」という時間の関係を理解することができる。

授業の流れ

1 今，何時？

導入で「今，何時ですか？」と問う。素直な子どもは教室の時計を見て，「〇時〇分」と具体的な時刻を答える。子どもが答えた時刻を板書して，改めて「本当かな？」と全員で時計を見る。すると，時計の針が動いて時刻が変わっている。あえて，「間違えましたね」と子どもに返すと，子どもたちはムキになって「だって，時計は動いているから変わっています」と答える。

このようなやり取りを通して，「今，何時？」の今は瞬間のことであるということを再確認させる。

この段階で，「今」という瞬間を「何時何分」と表したものを「時刻」と言うことを教える。

○月□日（△）

今なん時？

今　…9時40分

↓　でも　時計はうごいている

しゅんかん ⟹ 時こく といいます

つかい方

・朝ごはんを食べた 時こく

・おきた 時こく

・算数がはじまる 時こく

子どもにとって身近な授業をもとに，時刻と時間の意味の違いを確認する。

2 〜の時刻は？

時刻という言葉に慣れさせるために，「〜の時刻は？」と問うて答える練習をする。

最初は全員に共通する時刻から問う。「1時間目が始まる時刻は？」「給食が始まる時刻は？」「掃除が始まる時刻は？」

時刻の使い方が分かってくると，「朝起きた時刻は？」「朝ご飯を食べた時刻は？」と個々に異なることを確かめていくことで，時刻の概念を明確にしていく。

3 じゃあ，「時間」って何？

「じゃあ，時間という言葉の意味は何だろう？」。子どもから現れる問いをもとに，まず算数の授業の時間について考える。始まる時刻と終わる時刻を確認し，長い針がどれだけ動くか調べさせる。1目盛り進むと1分だということが分かっている子どもは「45分」だと言うが，このように時刻と時刻の間を「時間」と言い，算数の授業の時間は「45分間」ということを教える。

本時の評価

・時の流れの瞬間を表した「時刻」と，時刻と時刻の間の長さを表した「時間」の違いを理解することができたか。
・1時間が60分間であるということを，時計の針の動きをもとに時刻の読みと比べながら確かめることができたか。

準備物

・時計の模型
・時計の図
・ワークシート

時こく と 時こく の間

時間 ってなに？

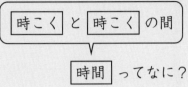

・算数のじゅぎょうの時間

45分

9時30分　　10時15分

長いはりが1目もりすすむ時間を 1分間 といいます。

・10時から11時までの時間

1時間

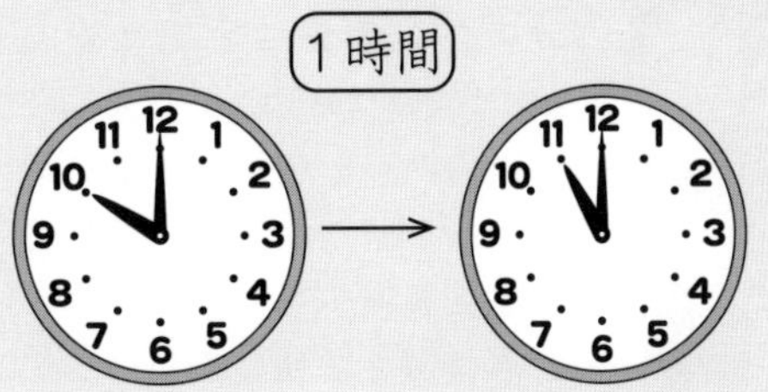

長いはりが1まわりする時間は60分間。

1時間＝60分間

時間では60分間が存在するが，時刻には「○時60分」が存在しないという事実を確認する。

4 10時から11時までの時間は「60分間」「1時間」！

子どもにとって，「時間」という言葉と「1時間」という言葉の違いは，案外分かりにくいものである。そこで，「算数の授業の時間は45分間」と対比するために，10時から11時までの時間を確認する。長い針は60目盛り分動くので60分間である。このように長い針が1周回る時間を「60分間」とか「1時間」ということを教える。

まとめ

本時のまとめでは，まず，瞬間を表す「時刻」，時刻と時刻の間を表す「時間」という言葉の意味を確認する。そして，時計の長針を9時55分から1分ずつ進めながら時刻を言わせていく。このとき，「9時56分，57分，58分，59分，10時」となり，時刻には「9時60分」がないことを意識づける。時間には「60分間」あるいは60分間以上の時間の表現が存在するが，時刻には60分が存在しないという違いである。

本時案

どんな休みの日だった？

2/4

本時の目標

・自分の休日の過ごし方を時刻に着目して整理していく中で，１日の中には午前と午後で同じ時刻が２回存在していることや，１日が24時間であることを理解することができる。

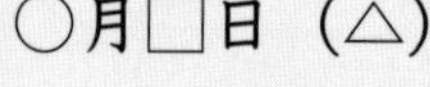

○月□日（△）

午前

→

1　2　3　4　5　6　7　8

おきる　朝ごはん

・１日に同じ時こくが２回ある

午前 ← 正午 → 午後

12時間　　12時間

時計のみじかいはりは１日に２回回っている。

授業の流れ

1 休みの日の生活を整理しよう！

本時では，子どもたちに自分の休日の生活を振り返らせ，「何時（時刻）に何をしていたのか」を色画用紙上に時計の絵を貼りながら，双六のように整理する。当然，過ごし方は個々に異なるが，次の５つは共通項目として記入させるようにする。

５つの共通項目は，「起きる」「朝ごはん」「昼ごはん」「夜ごはん」「寝る」であり，午前と午後に同じ時刻があるということや正午を意識させるためのものである。

そして，個人でこれ以外に２つ以上の項目（出来事）を決めて追加することにする。

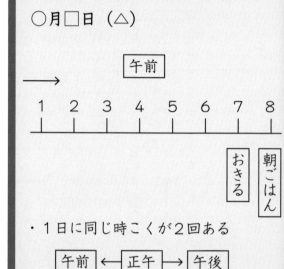

2 １日の中に７時が２回ある

作成できたところで，朝ごはんの時刻を問う。バラバラだが，大体似通っている。次に夜ごはんの時刻も問う。すると，どちらも７時だという子どもがいる。そこで，「朝ごはんと夜ごはんを一緒に食べたの？」と問うて，時刻に対する見方を揺さぶる。子どもは「１日の中に７時が２回ある」と言い始める。

そこで，「○時」という同じ時刻は何時まであるのかを問題として意識させる。

3 何時まで？ いつから１時が始まるの？

「８時，９時，10時，11時，12時，１時…」，子どもは「13時」とは言わない。理由は，時計の目盛りが12まであり，時刻を読むときも12時の次は１時になるからだと言う。

そこで，１日の中で時刻が変わる境がどこなのかが問題となる。黒板上に共通の５項目の時刻の例を貼りながら時刻の数直線をつくり，その境を検討していく。

本時の評価

・1日の中に同じ時刻が2回存在することに気付き，午前と午後に分けて用いていることを理解することができたか。
・1日は午前12時間，午後12時間に分けられ，合わせて24時間になっていることを理解することができたか。

準備物

・色画用紙
・時計の絵を10個印刷したワークシート

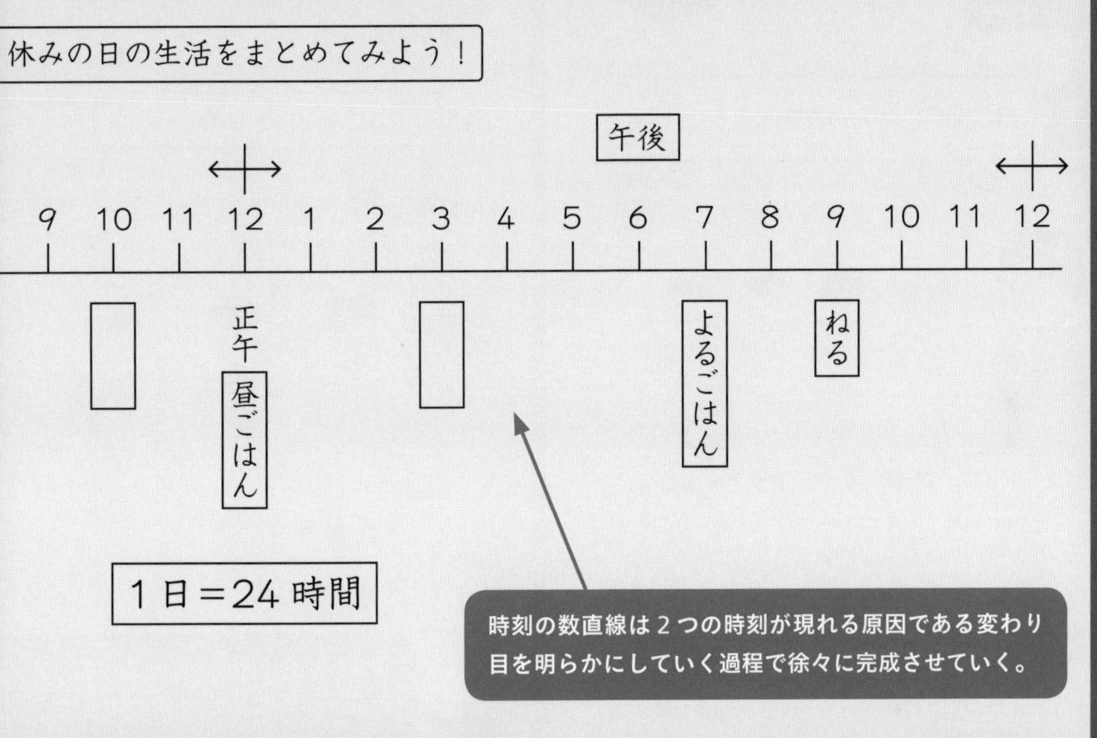

4 お昼の12時ぴったりが「正午」，その前が「午前」，その後が「午後」！

子どもは，お昼の12時59分の次の時刻が1時になることから，お昼の12時ぴったりが1日の境だと考える。

この段階で，1日の中のこの境を「正午」と言い，その前が「午前」，その後が「午後」と言うということを教える。だから同じ7時でも午前7時と午後7時という時刻があることがはっきりする。

まとめ

本時のまとめとして，まず，休日の生活の中に書かれた時刻の最初に「午前」と「午後」を書き加えさせて修正する。

また，午前と午後それぞれの時間が12時間になることを，1日の時間が24時間であることを理解させる。

なお，正午は「午前12時」でも「午後0時」でもあるし，真夜中の12時は「午後12時」でも「午前0時」でもあるということもあわせて確認するようにする。

本時案

時間取りじゃんけんをしよう！

3/4

本時の目標

・1時間が60分，1日が24時間であるという関係をパターンブロックを使ったゲームを通して実感し，時間にも加法が適用できることを理解することができる。

授業の流れ

1 時間取りじゃんけんをしよう！

1時間（60分）　30分　20分　10分

パターンブロックを使って「時間取りじゃんけん」というゲームを行うことを告げ，使用するパターンブロックのピースの意味を確認する。このとき，はじめに黄色の正六角形のピースを提示し，「これは1時間です」と言う。次に赤の台形のピースを提示し，「このパターンブロックが表す時間は何でしょう」と問う。パターンブロックの形と時間の関係に目を向けさせることで，台形は30分，ひし形は20分，正三角形は10分であるということを確認する。

○月□日（△）

時間どりじゃんけんをしよう

1時間

60分　30分　20分　10分

パー　チョキ　グー

はん（4人）の合計でランキングをきめる

正六角形を1時間とすることで、ブロックの合成的な操作によって、「1時間＝60分」ということが視覚的に捉えられるようにする。

2 最初に用意する1人分は4時間

最初に，1人分として，1時間1つ，30分2つ，20分3つ，10分6つの合わせて4時間分のパターンブロックを用意する。そして，以下のようなルールを確認する。

・自分の班以外の人とじゃんけんする。
・パーで勝てば30分，チョキで勝てば20分，グーで勝てば10分を相手からもらう。
・最後に班のメンバーのパターンブロックを合わせた時間の長さで競う。

3 1時間のブロックは必要なの？

子どもから1時間のブロックの使い方に関する質問が必ず現れる。1時間のブロックは，他の時間ブロックに両替できることや，お金のように1時間を渡しておつりとして時間ブロックをもらう方法があることに気付かせる。そして，両替やおつりという体験を通して，「1時間＝60分間」という感覚を養う。

本時の評価

・10分，20分，30分を組み合わせて60分（１時間）をつくる中で，時間にも加法が適用できることや，60分（１時間）のいくつ分と端数を合わせて時間が表現できるということを理解することができたか。
・60分で１時間をつくるゲームを通して，24時間という量としての時間の大きさを感じ取ったか。

準備物

・パターンブロック

どうやってつかうの？

・りょうがえする

…２こ

…３こ

…６こ

・おつりをもらう

☆時間でたしざんやひきざんができる

１ぱん…17時間20分間
２はん…15時間
３ぱん…19時間10分間…１ぱん
４はん…13時間30分間
５はん…18時間20分間
６ぱん…11時間50分間
７はん…18時間40分間
８ぱん…14時間10分間

時間は、○時間□分間と
つなげて言うことができる

１日＝24時間
なかなか24時間にはならない

両替やおつりを渡すという体験や、正六角形という形から、「１時間＝60分間」という感覚を養っていく。

子どもの実態によっては、グループの人数を増やし24時間に近づくグループが生まれるようにしてもよい。

全部で○時間□分間だ！

一定時間のゲームを終えると，班ごとに時間ブロックの合計を確かめる。このとき，子どもたちの考えは２つに分かれる。
・ブロックの種類ごとに分けて集計する。
・ブロックの種類にこだわらずに１時間のまとまり（正六角形）をつくる。

ブロックの種類にこだわらなくても，正六角形ができれば60分（１時間）であることをたし算と関連づけて確認する。

まとめ

60分（１時間）は「20+20+20」「10+20+30」「30+30」…のように分解できるし，逆に，10分，20分，30分を合わせて60分をつくることもできる。

また，時間と分を合わせて「○時間□分」と表現して比べることができる。

１時間（正六角形）が24個できて１日（24時間）となる。

本時案

何時かな？

本時の目標

・○時間後の時刻や○時間前の時刻を考えることを通して，時間にも加法や減法が適用できることに気付き，簡単な場合に計算で時刻を求めることができる。

授業の流れ

1 今，午前８時です！
□時間後の時刻は何時かな？

導入では，午前８時の□時間後の時刻を確認する。この□に入る数は，サイコロで決めることにするので，１～６の数が入ることになる。

早速，代表の子どもにサイコロを振らせる。このとき出てくる数は運によるので，ランダムな出方となるが，午後の時刻になるものと午前の時刻になるものの違いを意識づけるように対応する。

４時間を超えると時刻が午後に変わる。子どもの意識がそこまで働いているかどうかを見ていく。

○月□日（△）

何時かな？

今　午前８時です。

□時間あとの時こくは？

サイコロできめます。

２時間…午前 10 時　8＋2＝10

４時間…正午 12 時　8＋4＝12

１時間…午前　9　時　8＋1＝9

６時間…午前 14 時？

2 １は簡単だけど……

１の場合は，すぐに午前９時だと分かる。ところが５，６が出た場合に問題が生じる。例えば６時間後の場合，感覚的に「８＋６＝14」と足して14時と考える子どもがいる。しかし，午前は12時までである。時計の模型を動かして６時間後の時刻は午後２時だと確認し，黒板に午前８時を中心とした数直線をかいて，午前と午後の境である正午の位置を改めて確かめる。

3 12時（正午）までは４時間だから

正午までが午前で，正午を
越えると午後だから…

他の数の場合も扱う中で，□時間後の時刻を考える場合には「たし算が使える」ということに気付かせるとともに，「（午前８時から）正午までは４時間だから」と正午を基準として午前と午後を判断する見方を価値づけていく。

本時の評価

・○時間後の時刻を求める場合には，たし算が適用できることを理解し正しく計算することができたか。
・○時間前の時刻を求める場合には，ひき算が適用できることを理解し正しく計算することができたか。

準備物

・時計の模型

午前８時を中心とした前後６時間の範囲を表す時刻の数直線を完成させていきながら，午前と午後が変わる正午の意味を再確認する。

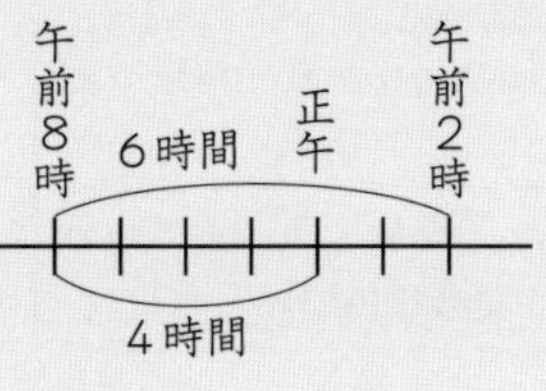

午後０時 正午
午後２時 (+2)

時間のたし算になっている。

ひき算もあるのかな？

ある！ □時間前の時こくは？

１時間　８−１＝７　午前７時
３時間　８−３＝５　午前５時
６時間　８−６＝２　午前２時

4 時間のたし算ができるなら，ひき算もあるのかな？

時間にもたし算が適用できることを学んだ子どもたちに，「時間のひき算もあるのかな？」と問う。子どもたちは，「ある！」と言い，「□時間前の時刻だ」と続ける。早速，サイコロで出た目で考えてみる。ひき算で求めた時刻を時計の模型でも確認すると，時間にもひき算が適用できることがはっきりする。そして，この場合，全て午前の時刻になるのでひき算の便利さにも目が向かう。

まとめ

本時のまとめとして，まず，時間にもたし算，ひき算を適用できることを確認する。すなわち，特定の時刻の□時間後の時刻を求める場合にはたし算が，特定の時刻の□時間前の時刻を求める場合にはひき算が使えるということである。

また，正午を境に午前と午後が変わるので，正午を意識して計算しないといけないという時刻の見方を改めて整理する。

三角形と四角形　9時間扱い

単元の目標

・三角形，四角形，正方形，長方形，直角三角形の概念を形成することができる。
・図形の辺や頂点，直角という構成要素に着目して，身の回りにある形の中から三角形や四角形，正方形，長方形，直角三角形を捉えることができる。

評価規準

知識・技能	○三角形，四角形，正方形，長方形，直角三角形を知る。 ○図形の中から三角形，四角形，正方形，長方形，直角三角形を弁別したり，かいたり折り紙でつくったりする。
思考・判断・表現	○辺や頂点，直角という構成要素に着目して，身の回りから三角形や四角形，正方形，長方形，直角三角形を捉える。
主体的に学習に取り組む態度	○身の回りから三角形や四角形，正方形，長方形，直角三角形を見つけようとしたり，敷き詰め模様や図形の美しさに関心を持つ。

指導計画　全9時間

次	時	主な学習活動
第1次 直線	1	直線の意味を知り，作図する。
第2次 三角形と四角形	2	動物を直線で囲む活動を通して，直線で囲むために必要な直線の数を考える。
	3	動物を直線で囲む活動を通して，三角形や四角形の定義を知る。
	4	三角形や四角形をかき，辺や頂点の意味を知る。
	5	三角形や四角形を1本の直線で分けてできる形を考える。
第3次 直角のある図形	6	直角の概念を理解する。
	7	直角三角形の定義を知る。
	8	長方形，正方形の定義を知る。
	9	敷き詰め活動を通して，直角三角形，長方形，正方形に親しみ，それぞれの関係や空間の広がりを意識する。

単元の基礎・基本と見方・考え方

第１学年においては，身の回りの具体的なものの形に着目し，「さんかく」，「しかく」などと呼んで形の特徴を捉えることを指導してきた。第２学年では，３本の直線で囲まれている形を三角形といい，４本の直線で囲まれている形を四角形ということを約束し，三角形や四角形，正方形，長方形，直角三角形について，図形を構成する辺や頂点の数及び直角に着目し，図形を弁別することを指導する。

⑴教材を変える場を通して構成要素に着目させる

第２学年では，図形の構成要素である辺や頂点の数に着目できるようにしていく。例えば本書でも，第２，３時に動物を直線で囲む活動を通して三角形と四角形の辺や頂点に着目させるようにしている。なお，この動物囲みという教材自体は，一般的に用いられる教材であって特別なものではない。ただ，本書の場合，一般的に行われる動物囲みとは異なり，あえて動物を直線（辺）で囲むことができない位置に杭（頂点）を書いたワークシートを用いる。そして，囲めない状態のものをちゃんと囲めるように変えるために，「直線（辺）の数を増やす」，あるいは「杭（頂点）の位置を変える」という発想を子どもから引き出すようにしている。結果的に子どもは，少なくとも３本の直線（３つの頂点）がなければ絶対に囲めない（閉じない）ことや，頂点を４つ，５つと増やしていっても囲むことができるという多角形の素地となる見方を意識することになる。

⑵直角の不思議

どんな形の紙でも，２回折ると必ず「直角」がつくれる。それは，折る前の平面の状態が360°であり，１回折って180°に，そして２回折って90°になるからである。直角との出会いの場面で，この事実を不思議，美しいと感じられるようにしたいものである。そのため，第６時では，子どもに異なる用紙を配布して，「折った形で仲良しチェック」という遊びを取り入れている。違う紙を折ったにも関わらず同じ形になるという事実を通して，直角への関心を引き出すようにしているわけである。

⑶作図や図形をつくる体験

図形の概念を形成するためには，子どもが図形を実感できるような体験が欠かせない。それは，ジオボード状のドットをつないで図形を作図することであったり，折り紙を折って形をつくることであったり，図形をはさみで切ったりすることである。そのため，本単元の全ての時間に次のような意図でこのような活動を設定している。

第１時…直線の概念形成と技能の定着
第２，３，４時…三角形と四角形の構成要素への着目と概念形成
第５時…三角形や四角形に対する分解的な見方
第６時…直角の概念形成
第７，８時…直角三角形，長方形，正方形の概念形成及び図形間の関係と空間の広がり

図形に対する数学的な見方・考え方は，教科書やプリントを見るだけの授業で育むことはできない。子どもが実際に自分の手を動かして図形を体感する活動を保障することで，初めて身に付いていく。

本時案

直線でつなごう！

本時の目標

・直線の概念を理解し，同じ数字の点と点を直線で結んでいく中で，直線をかく技能を身に付けることができる。

授業の流れ

1 ぴんと張ったひものようにまっすぐな線を「直線」と言います！

ノートや教科書にもある

床や黒板にもある

いろいろなところに直線はあるね

導入でひもを提示し，ぴんと張った状態と緩んだ状態を対比させ，できる線の違いを子どもに意識させる。ぴんと張ったひもに対しては「まっすぐ」だと言う。ここで，算数の言葉として「直線」という言葉を教える。そして，教室の中にある直線を見つけさせる。

○月□日（△）

ぴんとはったひものように
まっすぐな線を
「直線」といいます。

ノート　つくえ　教科書
こくばん　まど　ゆか

いろんなところに直線がある。

2 直線をかいてみよう！

定規をしっかり押さえてないと曲がっちゃうね

直線の概念が理解できたところで，「直線をかいてみよう！」と投げかける。定規を用意させ，最初は白紙の上で自由に直線をかかせてみる。鉛筆を持っていない方の手で定規を押さえて直線を何本かかいてみる。

3 同じ数字の点と点を直線でつなごう！

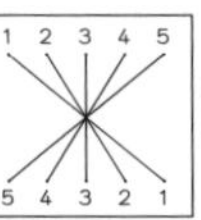

クモの巣みたい

直線がかけるようになると，ワークシート①を配布する。そして，１～５の数字の点と点を定規を使って直線でつないでいく。

定規を点と点に合わせて正確に直線をかく技能をねらう。また，でき上がる模様に対する関心を引き出すようにする。

本時の評価

・直線の概念を理解することができたか。
・同じ数字の点と点を直線で結んでできる模様に関心を持ち，楽しみながら直線をかくことができたか。

準備物

・ワークシート
・定規（児童用）

同じ数の点と点を直線でつなごう！

じょうぎがひつよう

① きれい

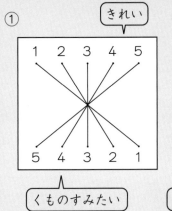

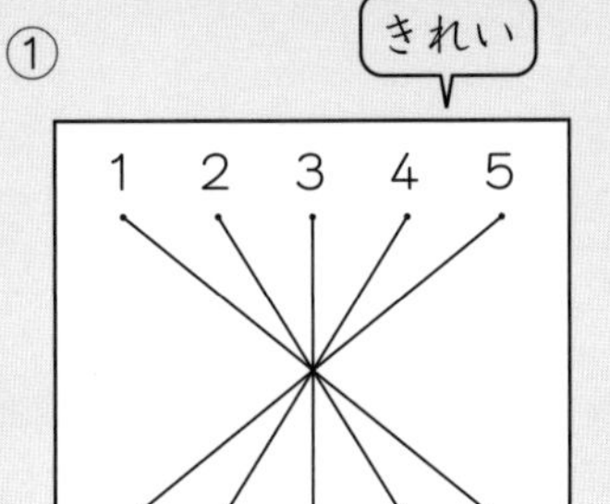

くものすみたい

② 点がうごくよ

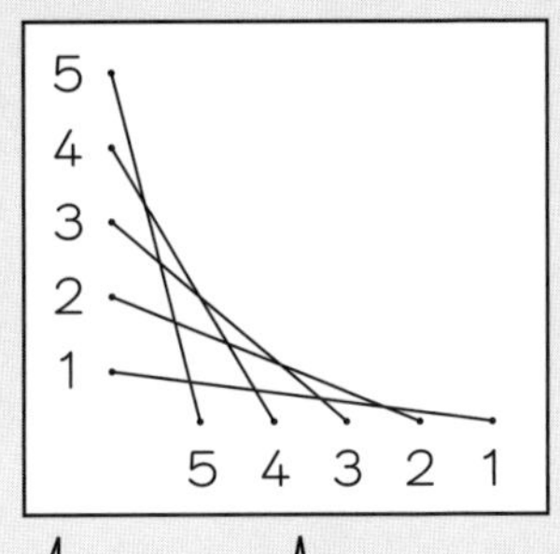

あれ？　まがって見える

点のばしょをかえたら？

点の数をふやしたら？

かっこいい　おもしろい

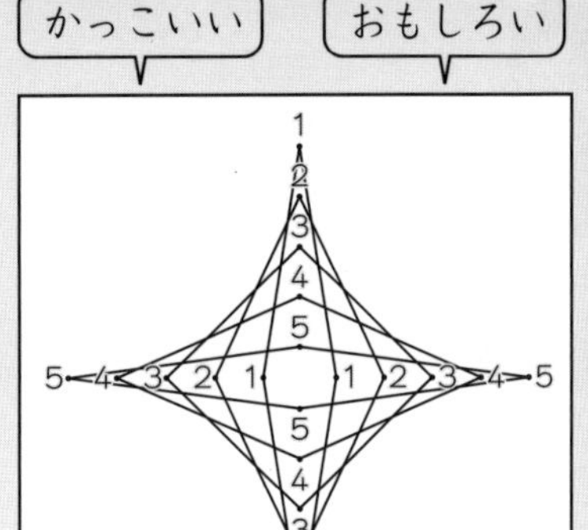

作図することを楽しみながら直線の作図技能を育む試みである。作図の条件を子ども自らが決める体験も主体的な学びとして大事にしたい。

4 どんな形ができるのかな？

直線をかいているのに曲がっているみたいに見える

次にワークシート②に挑戦する。①とは1～5の数字の位置が異なっているので，同じ数字の点を直線でつなぐと「どんな形になるんだろう？」という子どもの問いも生まれる。

まとめ

点の数を増やしてみたら？
点の場所を変えてみたら？

同じ数字の点と点を定規で結べるようになったことを称賛し，次にどんなことに挑戦してみたいか問うてみる。

サンプルとして新たなワークシートを提示して本時を終える。

本時案

直線で囲めるかな？

2/9

本時の目標

・動物を直線で囲む場面で，直線で囲める動物と囲めない動物を比べ，囲めない動物を囲めるようにする方法を考えることができる。

授業の流れ

1 点と点を直線でつないで動物を囲みましょう！

導入で，「動物が動物園から逃げました」と言って，絵を見せる。ライオンやクマがいる一方で，ゾウ，ウシ，ウマ，ブタもいるので，「このままでは食べられてしまう」ということになる。そこで「動物を直線で囲もう」と投げかける。ただし，適当に直線で囲むのではなく，動物のまわりにある点と点を直線で結ぶようにする。子どもたちにワークシートを配布し，早速，動物を囲ませる。

このとき，子どもに配布するワークシートは図①，図②の２種類を混在させておき，意図的に子どもの反応の違いを引き出すようにする。

○月□日（△）

点と点をつないで
どうぶつをかこみましょう。

点のばしょがちがう！
図①
まがった
線になる

2 直線で動物を囲めない！

エッ，囲めるよ

定規で直線をかいて動物を囲み始めた子どもの反応に違いがある。子どもたちは互いのワークシートを見て「あれっ？点が違う」と言い始める。それぞれのワークシートを実物投影機で提示し，確かに点の位置が違うことを確認する。

3 どっちだったら囲めそうかな？

やっぱりライオンと
クマが囲めない

「間違ったワークシートが混ざっていました」と告げ，どっちのワークシートだったらできそうか問うてみる。多くの子どもは図②の方がいいと言うが，中には「どちらも囲めない動物がある」と言う子もいる。改めて図②を全員に配布し，点と点を直線でつないで動物を囲んでみる。

本時の評価

・直線で囲むために，直線を増やす（点を増やす）方法に気付くことができたか。

・直線で囲むために，直線の数は変えずに点を移動させる方法に気付くことができたか。

準備物

・2 種類のワークシート

直線でかこめるかな？

ライオンとクマがかこめない！

図②

どうすれば直線でかこめるかな？

・点をふやせばいい！

・点をうごかせばいい！

4 ライオンとクマが囲めない！

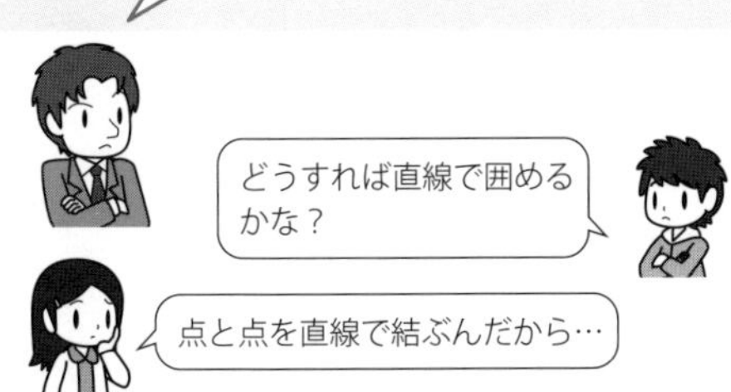

どうすれば直線で囲めるかな？
点と点を直線で結ぶんだから…

定規を使って実際に直線をかいてみると，確かにライオンとクマが少しだけはみ出る。「これでは危ないね」と伝え，「どうすれば直線で囲めるようになるかな？」と問いかける。

まとめ

直線で囲めるようにするための子どものアイデアは次の２つ。

・点の数を増やして，直線の数を増やす。

・点の場所を動かして，直線で囲めるようにする（直線の数はそのまま）

これら２つの方法で，実際に囲めるかどうか確かめることを次時の問題として確認し，授業を終える。

本時案

ライオンとクマを直線で囲もう！

3/9

本時の目標

・動物を直線で囲む活動を通して，直線の数によって形が変わることを理解するとともに，三角形や四角形の概念を形成することができる。

授業の流れ

1 点を増やしてみよう！

ライオンとクマを囲むための方法として前時の終わりに子どもから現れたアイデアのうち，最初は点を増やして動物を囲む方法に取り組む。

まず，子どもたちに「ここに点があればいい」と思う場所に点をかかせる。次に，定規を使って直線をかかせ，ライオンとクマを囲ませる。

子どもは，「どこに点をかけばいいのかな」と考えながら，囲めそうな場所を決める。

点を増やすと点と点を結ぶ直線の数が増え，結果的に４本の直線で囲むことになる。四角形を子ども自らが見出していく姿が自然に現れる。なかには５本の直線で囲むアイデアも現れることもあるが，発展的に五角形を扱うきっかけとすればよい。

○月□日（△）
点をふやしてみよう！
どこに点をかけばいいのかな？

2 ４つの点で囲めた！

子どもたちは新たに点をかくと，イメージ通り囲めることを素直に喜ぶ。４つの点を結んだ４本の直線で囲めたことを確認し，ここで，できた形を次のように定義し，板書する。

「４本の直線で囲まれた形を四角形と言います。」

3 点を動かしてみよう！

２個の点だと囲めない。
３個だったら囲める

次にもう一つのアイデアである「点を動かす」方法に取り組む。改めて点のないワークシートを配布し，ここに点があれば直線で囲めるという場所を決めさせる。このとき，何個の点をかけば囲めるか問う。２個では囲めないことを確認し，３個の点でライオンとクマを囲めるか確かめさせる。

本時の評価

・囲む直線の本数によって形が変わり，図形の名称も変わるということを理解することができたか。
・２本の直線では囲めないが，３本の直線であれば必ず囲むことができるということを理解することができたか。

準備物

・点のないワークシート

ライオンとクマを直線でかこもう！

点をうごかしてみよう！

２つの点ではかこめない！

どこに点をうごかせばいいかな？

４つの点でかこめた

３つの点でかこめた

４本の直線でかこまれた形を四角形といいます。

３本の直線でかこまれた形を三角形といいます。

4 確かに３つの点で囲めた！

自分で３つの点を決めると，定規を使って実際に直線をかいてみる。すると，子どもによって形が異なるものの確かにライオンとクマを３本の直線で囲むことができる。

ここで，できた形を上のように定義し，板書する。

まとめ

改めて三角形と四角形の定義を確認し，ライオンとクマ以外の動物も三角形か四角形で囲ませる。定規で直線をかいていきながら，それぞれ定義の意味を再確認していくと，５本の直線の場合を考える子どもも現れてくる。

本時案

三角形と四角形をかこう！

4/9

本時の目標

・ジオボード状の点を直線でつないで三角形や四角形を作図していく中で，三角形の構成要素である頂点と辺という用語を知り，それぞれの特徴を整理することができる。

授業の流れ

1 点と点をつないで三角形をかこう！

三角形だから３つの点で囲める！

導入で，ジオボード状の点がかかれた用紙を提示し，「点と点をつないで三角形をかこう」と投げかける。そして，何の道具が必要となるのかを意識させることで，三角形が３本の直線で囲まれた形であることを確認する。次に，３本の直線でいくつの点をつなげばよいか考えさせる。３つという声が多いがハッキリしない子どももいる。

ジオボード状の点を直線でつなぐことや，いくつの点を選べばよいのかを意識させる中で，「辺」や「頂点」の概念形成を図る。

○月□日（△）

	三角形	四角形
ちょう点	３つ	４つ
へん	３本	４本

2 点のことを「頂点」，頂点と頂点の間の直線を「辺」と言います！

どれも３本の直線で囲まれている

自分と友達の三角形と見比べさせ，それぞれに共通することを見つけさせる。当然，３本の直線で囲まれていることは同じだが，角の数が３つであることにも目を向ける。ここで，三角形を囲むときに使った３つの点のことを「頂点」といい，その間の直線部分を「辺」ということを教える。

3 四角形をかこう！

三角形は頂点が３つ，辺が３本だということを，新たに三角形をかいて確かめる。

次に，四角形をかく。最初に，点の数と直線の数を想像させる。どちらも４つずつであると予想したところで，実際にかく。

なお，ここでは「友達とは違う四角形をかこう」と投げかけ，１人２つずつ異なる四角形をかかせる。クラスの中には，四角形が何十個もでき上がる。

本時の評価

・頂点と辺という概念を理解することができたか。
・三角形と四角形それぞれの頂点と辺の数が図形の名前の数と同じであるということに気付くことができたか。

準備物

・ジオボード状のワークシート

三角形と四角形をかこう！

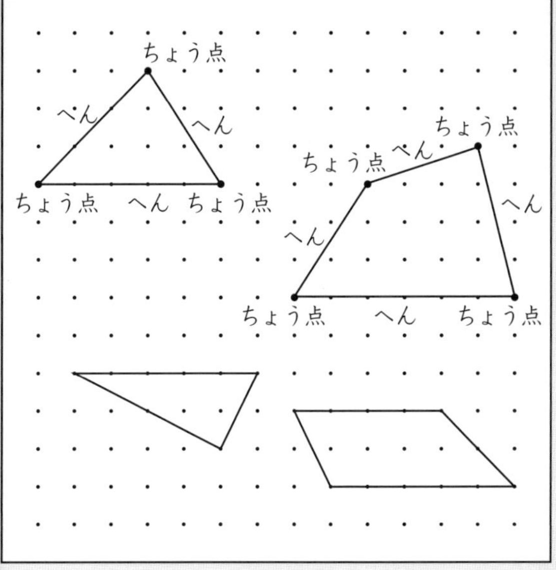

だったら五角形、六角形という形もあるのかな？

ある！　かける！

	五角形	六角形
ちょう点	５つ	６つ
へん	５本	６本

七角形、八角形もできそう！

でもたいへんそう。

4 **確かに四角形の頂点は４つ，辺は４本！**

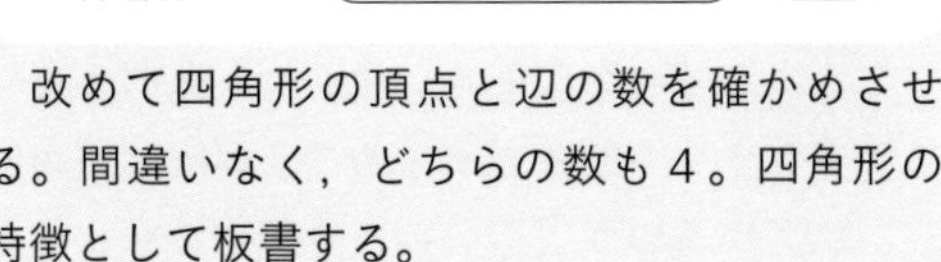

改めて四角形の頂点と辺の数を確かめさせる。間違いなく，どちらの数も４。四角形の特徴として板書する。

まとめ

三角形と四角形の頂点と辺の数を振り返る。子どもは，どちらの数も三角形の「3」，四角形の「4」と一致していることに目を向ける。すると，「だったら，五角形，六角形もあるのかな？」「(五角形，六角形が）あれば，頂点と辺の数も分かりそう」と言う。

本時案

四角形を１本の直線で分けると？

5/9

本時の目標

・四角形を１本の直線で分割する活動を通して，四角形が何角形と何角形に分けられるのかという図形を分解する見方を体験することができる。

授業の流れ

1 四角形を一本の直線で分けると？

四角形が２つになる!
エッ?　四角形２つじゃないよ!

１つの四角形を提示し，「１本の直線で分けると？」と板書する。子どもから，「四角形が２つになる」という声が上がるが，その声に対して，「エッ？　四角形２つじゃないよ」という声も耳に届く。四角形が２つの図形になることは間違いないが，四角形と四角形だけではないと言うのである。

予想させて子どもの問題意識を明確にする。その上で個別の活動へと移行する。

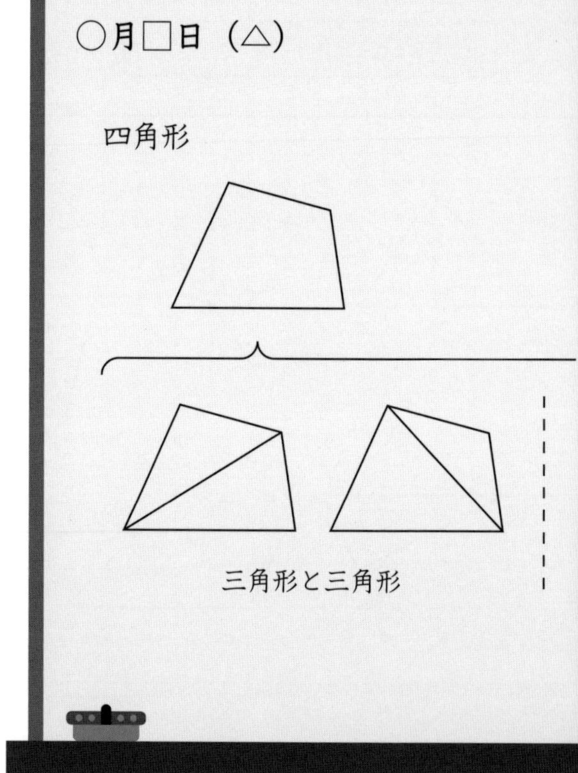
○月□日（△）
四角形
三角形と三角形

2 四角形は何角形と何角形になるのかな？

四角形と三角形もできた!

子どもたちに四角形の紙を配布し，定規で１本の直線をかき込ませる。その段階で四角形が何角形と何角形に分かれるのかが分かればノートに記録する。しかし，実際に切ってみたい子どもには，はさみで紙を切らせてできる図形を確かめさせる。

3 いろいろな形に分けられるよ！

作業した結果を整理する。

・三角形と三角形
・三角形と四角形
・四角形と四角形
・三角形と五角形

それぞれの図形が何角形であるのかを見分けるポイントを確認する中で，何本の直線で囲まれているのか（辺の数）や頂点の数に着目させる。特に五角形については発展的な扱いとなるので，構成要素の特徴を整理しながら指導する。

本時の評価

・四角形を１本の直線で分割してできる図形の組み合わせを見つけることができたか。
・四角形の分解的な見方をもとに，四角形と比較しながら三角形の分解について検討することができたか。

準備物

・四角形のワークシート
・三角形のワークシート

１本の直線で分けると？

２つの形に分かれる

何角形と何角形になるかな？

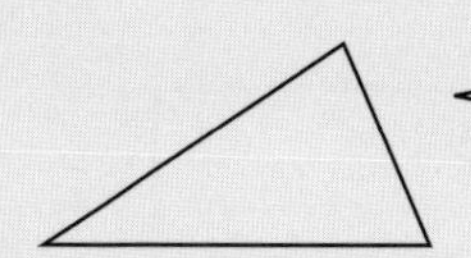

三角形だったら？

三角形と三角形

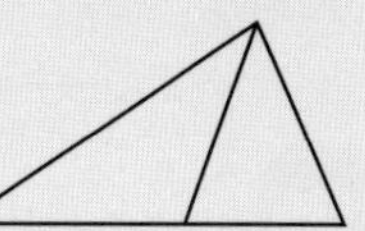

三角形と四角形

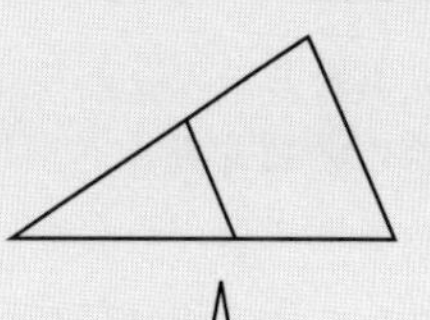

五角形はできないなあ

三角形と四角形 | 四角形と四角形 | 三角形と五角形

4 三角形だったらどうなるだろう？

三角形は3つの辺と3つの頂点があるよね

五角形はできるのかな？

四角形を分解する見方を体験した子どもに，改めて三角形の場合について想像させる。三角形の頂点と辺の数が３つだから…，と構成要素の数を考え，「五角形はできるかな？」と考える子どももいる。問題意識がはっきりしたところで，実際に分けてみる。

まとめ

五角形はできないね

三角形を１本の直線で分けると，次のような結果になる。

・三角形と三角形　・三角形と四角形

新たに挑戦してみたいことを子どもから引き出し，価値づけることで，発展的な見方や考え方も意識させていく。

本時案

折って折って できる形を使って

6/9

本時の目標

・紙を折って折ってできたかどの形を「直角」ということを知り，「直角」探しや「直角」をかく活動を通して，「直角」の概念を形成することができる。

授業の流れ

1 折って折ってできる形で運だめし！

2回折るんだね

同じ形になるのかな？

子どもたち一人ひとりに九角形や十角形等の形が異なる紙を配布し，「この紙を折って折ってできる形で運だめしをしましょう」と投げかける。そして，折った紙のかどの形を合わせて友達と一致すれば，「運がいい！」と，活動の意味づけをする。

1回折って，次にもう1回折るとき，折り目の直線に合わせれば必ず直角になるので同じ形になる。直角との出合いに，子どもの驚きを引き出すための演出である。

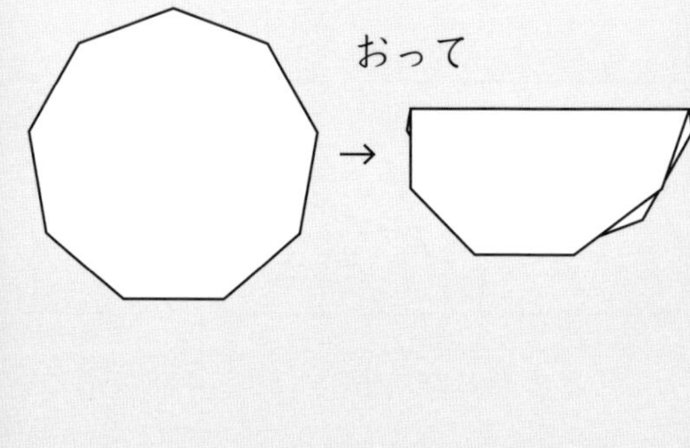
○月□日（△）
おって　おって　できる形
いろいろな形
おって
→

2 同じ形になった！

ぼくもなった
アレッ! みんな同じ!

紙を折った子どもたちは，早速友達と紙を合わせて確かめ始める。すると，あちこちで歓声が上がり，にぎやかになる。

なかには合わない子どももいる。友達と見比べると，同じ形になる紙は，2回目に折り目の直線を合わせて折っていることに気付く。

3 「直角」と言います！

教室の中にも直角は
たくさんある

改めて新しい紙を配布し，折り目に沿って2回目を折ると，それぞれの形が一致する。ここで「直角」という言葉を教える。

その後，直角の紙を使って「直角」探しを行うと，身の回りは直角だらけだということが分かってくる。

本時の評価

・紙を折って折って直角をつくることができたか。
・直角探しをすることを通して，身の回りは直角だらけだということに気付くことができたか。
・直角のある図形をかくことを通して，三角形や四角形の中にも直角がある形が存在することに気付くことができたか。

準備物

・適当な九角形や十角形の用紙
・ジオボード状のワークシート

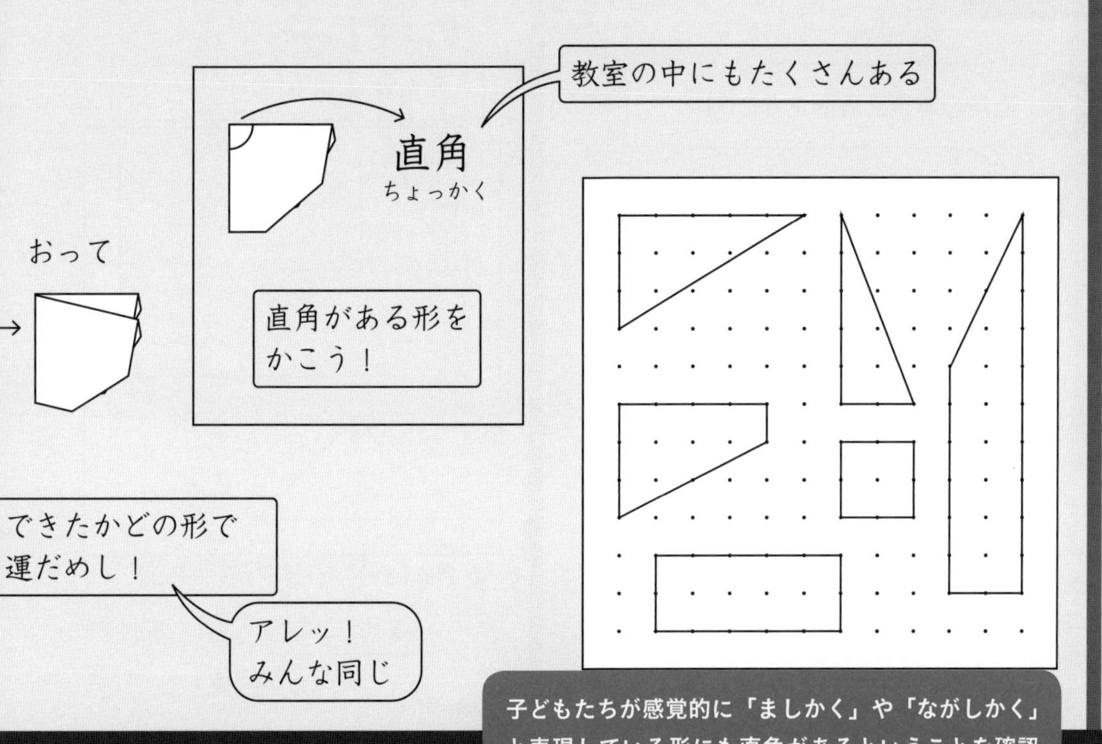

子どもたちが感覚的に「ましかく」や「ながしかく」と表現している形にも直角があるということを確認し，価値づける。

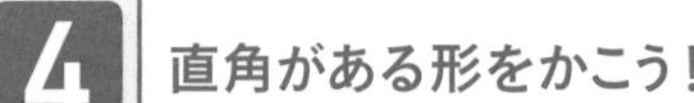

4 直角がある形をかこう！

三角形や四角形が
できる!
「ましかく」や「ながし
かく」をかけばいい

直角のイメージが持てたところで，ジオボード状の点を打ったワークシートを配布し，その点と点をつないで直角のある形をかかせる。多くの子どもは四角形をかいている。

まとめ

改めて直角が身の回りにはたくさん存在することを確認するとともに，直角がある三角形や四角形が存在するということを意識させる。

直角のある図形に対する子どもの見方を引き出し，価値づけておくことで，子どもの意識を次時の学習につなげていく。

本時案

直角のある形をかこう！

本時の目標

・三角定規を使って直角のある三角形や四角形をかくことを通して，直角三角形の概念を形成することができる。

授業の流れ

1 直角のある三角形をかこう！

直角のある三角形は簡単

ワークシート上のジオボード状の点と点を直線でつないで「直角のある三角形をかこう」と投げかける。ルールを確かめた後でかき始めると，「簡単」と言う。どれも直角がある三角形であることを確認し，「直角三角形」という名前を教える。

直角三角形という名称を教えたところで，三角定規を配布する。直角を見つけたりかいたりするときに役立つ道具として紹介し，自分がかいた直角三角形の直角を確かめさせる。

三角定規を使うと直角がすぐに分かるね

○月□日（△）

直角のある形をかこう！

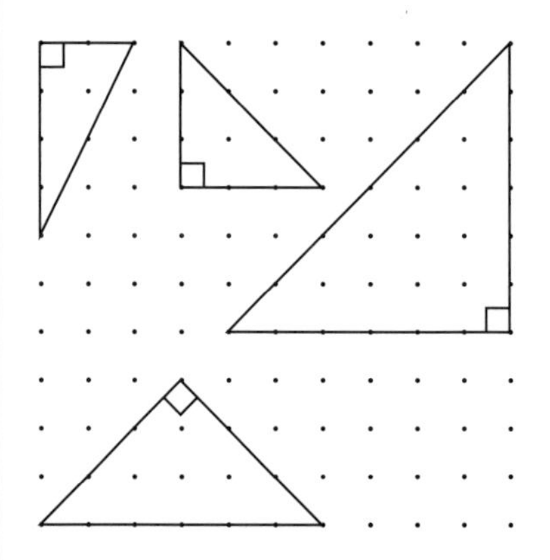

直角のかど がある三角形を

直角三角形 といいます。

⇒ 三角じょうぎ

2 三角定規を使って直角三角形をかこう！

三角定規を使うと直角三角形が簡単にかけるね

改めてワークシートの裏（白紙）に三角定規を使って直角三角形をかかせてみる。最初は，三角定規のまわりをそのままなぞる子どももいる。しかし，「もっと小さい直角三角形はかけないの？」と揺さぶると，直角だけなぞればかけることに気付いていく。

3 直角四角形もあるのかな？

直角の数が違う四角形ができるね

直角三角形の存在を知った子どもたちは，「直角四角形もあるのかな？」という問題意識を抱く。ワークシート上に直角のある四角形をかいていくと，「直角の数が違う四角形ができる」ことに目を向け始める。

本時の評価

・三角定規を使って直角のある三角形や四角形をつくることができたか。
・直角の数に着目すると，直角は三角形には１つだけ，四角形には１，２，４つの場合があることを意識することができたか。
・直角三角形の概念を形成することができたか。

準備物

・ジオボード状のワークシート

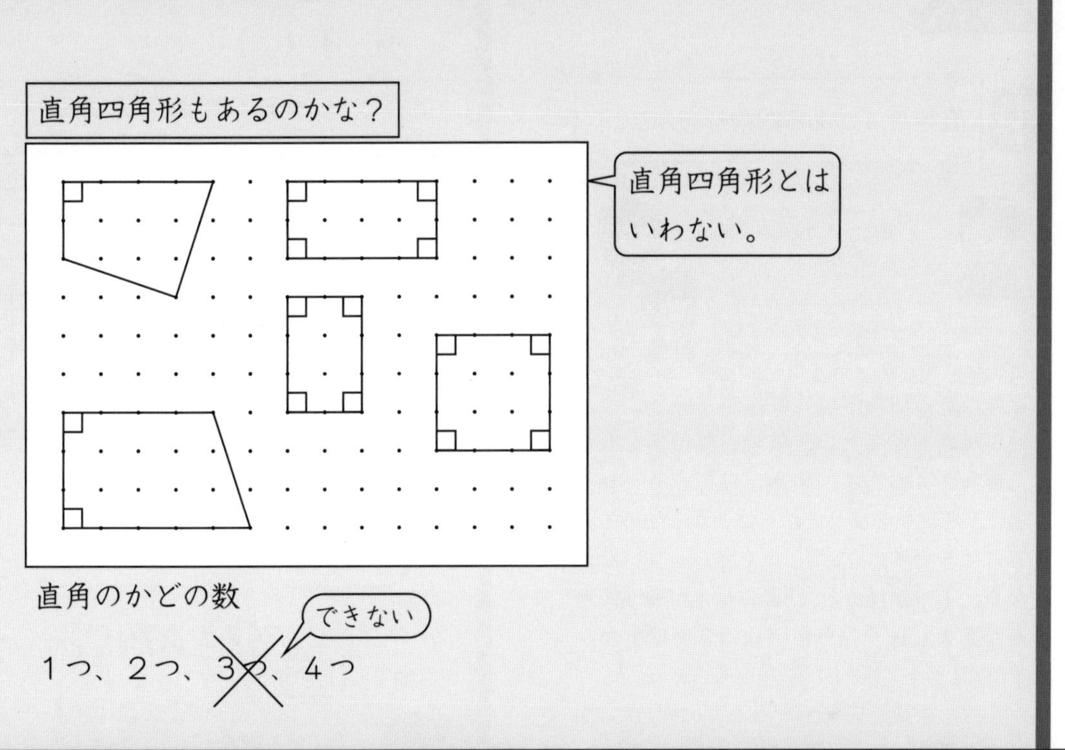

4 「直角が 3 つの四角形」ができない

直角の数が違う四角形ができるね

直角が１つ，２つ，４つ，直角の数に着目して四角形をかいていくと，「直角が３つある四角形ができない」と言い始める。改めて直角の個数を１，２，３と意識させてかかせると，「３つにしようとしたら勝手に４つになる」「ながしかくになる」と言う。

まとめ

直角のある四角形には名前がないのかな？

「直角のかどのある三角形を直角三角形と言います」という定義を確認する。

また，直角のある四角形は，直角の数は１つ，２つ，４つの場合があることを確認するとともに，これらの四角形を「直角四角形」とは言わないことを伝える。

本時案

直角が４つある四角形をかこう！

本時の目標

・直角が４つある四角形をかいたり，折り紙でつくったりする活動を通して，長方形，正方形の概念を形成することができる。

授業の流れ

1　直角が４つある四角形をかこう！

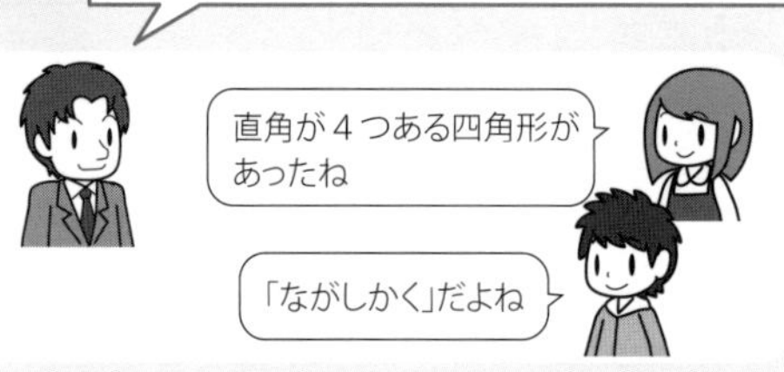

直角のある四角形は，直角が１つ，２つ，４つの場合があるという前時の気付きをもとに，直角が４つある四角形だけをワークシート上に三角定規を使ってかくことから始める。子どもは「簡単」「ながしかくだ」と言いながらかく。１つかけると，「辺の長さが違う四角形をかきましょう」と指示して３つ以上かかせていく。

かかれた複数の四角形をもとに，「ながしかく」「ましかく」という図形の見方を自覚させる。

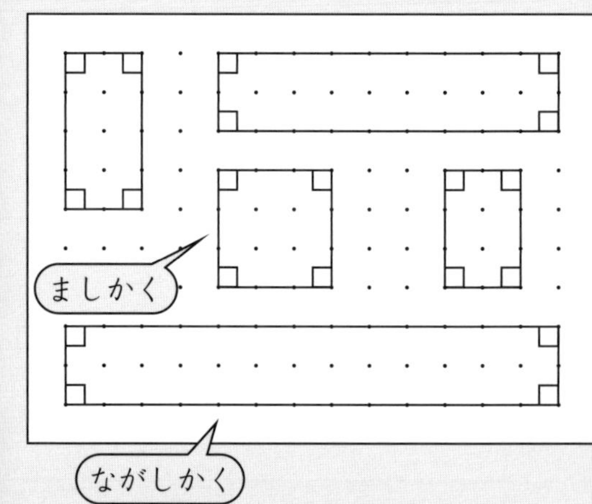

2　みんながかいた四角形を見てみましょう！

子どもたちがかいた直角が４つある四角形を自由に移動して見る時間を確保する。同じ形もあれば違う形もある。しかし，それらに共通しているのは「直角が４つある」ことだと確認する。なかには「ましかく」もある。

3　「長方形」「正方形」と言います

「ながしかく」と呼んでいた「４つのかどが，みんな直角になっている四角形」を「長方形」と言うことを教える。

すると，「ましかく」も長方形なのかということが問題となる。改めて「ましかく」をワークシートにかかせると，４つの辺の長さが皆，同じであることがはっきりする。ここで，「正方形」の定義を確認する。

本時の評価

・三角定規を使って直角が４つある四角形をつくることができたか。
・辺の長さに着目して，長方形と正方形の違いを意識することができたか。
・長方形，正方形の概念を形成することができたか。

準備物

・ジオボード状のワークシート
・折り紙

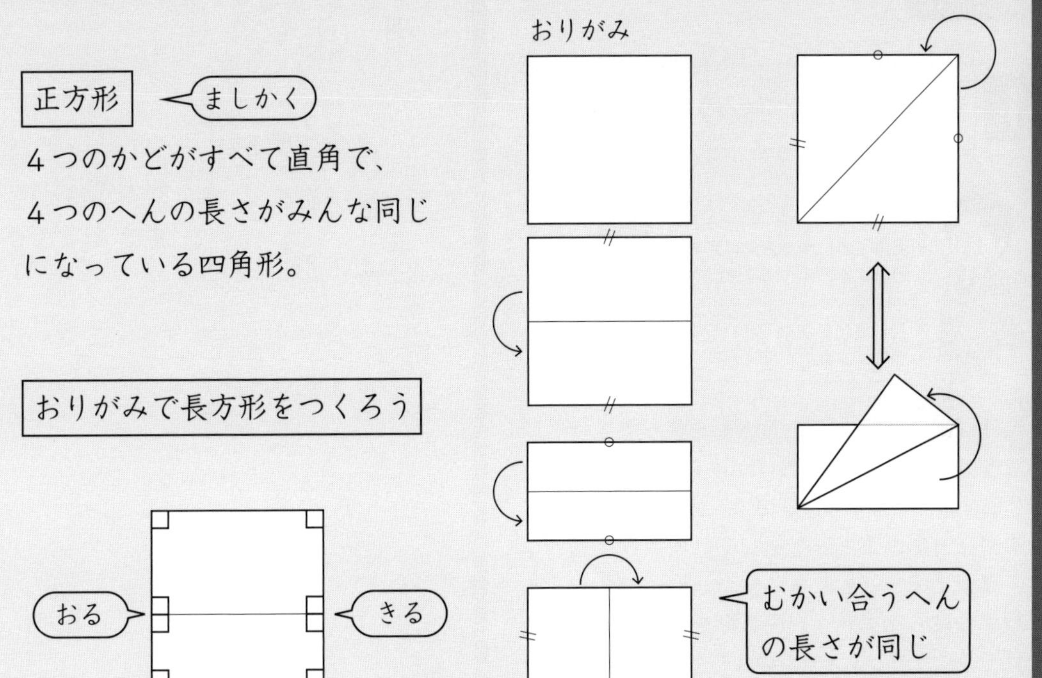

正方形
ましかく
４つのかどがすべて直角で、
４つのへんの長さがみんな同じ
になっている四角形。
おりがみで長方形をつくろう
おる
きる
おりがみ
むかい合うへんの長さが同じ

4 折り紙は正方形でしょうか

身の回りにある長方形と正方形の物を探させると，折り紙が正方形だと言う。その理由を確認して正方形の定義を振り返らせ，折り紙を折って４つの直角と４つの辺の長さが等しいことを確かめさせる。そして，折り紙で長方形をつくる方法を意識させる。

まとめ

本時のまとめとして折り紙で長方形をつくらせる。そこでは，４つのかどが直角になるという長方形の定義を明確にするだけでなく，折り紙を折る中で向かい合う辺の長さが等しくなっているという特徴にも目を向けてさせいく。

なお，正方形の場合は斜めに折ると直角三角形になってぴったり重なるが，長方形を折っても直角三角形が重ならないという事実を確認する。

本時案

きれいな模様をつくろう！

本時の目標

・直角三角形や長方形，正方形を用いた敷き詰め模様をつくることを通して，直角のかどのつながり方や辺の長さの対応を意識することができる。

授業の流れ

1 きれいな模様をつくろう！

「直角三角形や長方形，正方形を使ってきれいな模様をつくろう」と投げかける。しかし，具体的な方法が分からないので，合同な直角三角形や長方形，正方形をそれぞれ複数枚用意し，黒板上で子どもたちにリレー形式で１人１枚ずつ貼らせていく。同じ形を隙間なくつなげていく方法とイメージの共有である。

敷き詰め模様という用語は用いないが，具体的に操作することで本時の活動のイメージを確かなものとする。

○月□日（△）

直角三角形
長方形
正方形
同じ形を
すきまなくかく

色もぬる

2 直角三角形だけで模様をつくろう

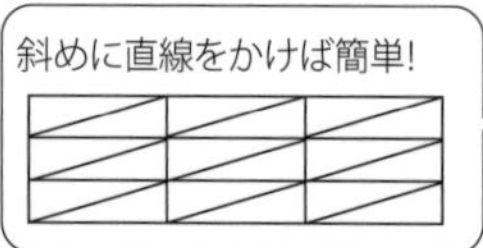

斜めに直線をかけば簡単!

まずは直角三角形だけで模様をつくる。最初は直角三角形を１つずつかいていた子どもが，途中から直角三角形２つで長方形になっていることに気付き，効率よくかき始める。

3 長方形だけで模様をつくろう！

長方形のつなげ方を変えると面白い!

次に長方形だけで模様をつくる。直角三角形で活動のイメージがはっきり分かった子どもは，「長方形だともっと簡単だ」と言い始める。ただし，上のようにずらすアイデアに驚く子どももいる。

本時の評価

・直角三角形や長方形，正方形を使って敷き詰め模様をつくる中で，直角のかどが隙間なくつながることを意識することができたか。
・直角三角形や長方形，正方形の辺の長さの対応関係や，辺が一直線につながることを意識することができたか。

準備物

・敷き詰め模様の写真
・直角三角形，長方形，正方形のカード
・ジオボード状のワークシート

きれいなもようをつくろう

直角三角形だけ

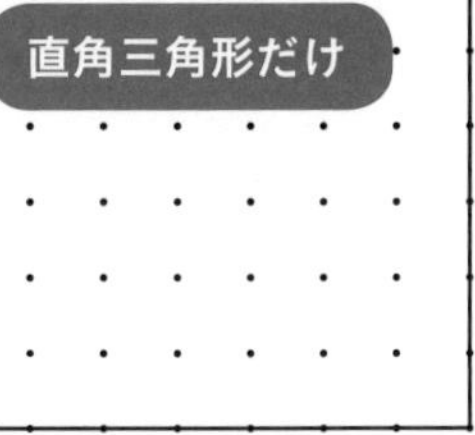

長方形だけ

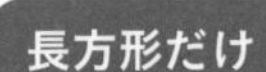

正方形だけ

ミックス

写真
しきつめもよう

4 正方形だけで模様をつくろう!

正方形は面白いつなげ方ができる!

これも正方形だよね!

正方形を用いる場面では，直角三角形や長方形での活動をもとに，上のようなアイデアも現れ，正方形の見方が豊かになる。

まとめ

余裕があれば，直角三角形，長方形，正方形をミックスした模様にも取り組ませ，隙間なくつながっていくことを確認する。

敷き詰め模様は1点に360度集まっているからつくることができる。今後の図形の学習場面で敷き詰めを行う素地として，隙間がないということをしっかり確認しておく。

全12巻単元一覧

第1学年■上	第2学年■上	第3学年■上
1　なかまづくりとかず 2　なんばんめ 3　たしざん(1) 4　ひきざん(1) 5　ながさくらべ 6　せいり（表とグラフ） 7　10より大きいかず 8　とけい 9　３つのかずのけいさん 10　かさくらべ・ひろさくらべ	1　表とグラフ 2　たし算 3　ひき算 4　長さ 5　1000までの数 6　かさくらべ 7　時こくと時間 8　三角形と四角形	1　かけ算 2　時こくと時間 3　わり算 4　たし算とひき算の筆算 5　長さ 6　あまりのあるわり算 7　大きな数 8　かけ算の筆算 9　円と球
第1学年■下	**第2学年■下**	**第3学年■下**
11　たしざん(2) 12　かたち 13　ひきざん(2) 14　大きなかず 15　たしざんとひきざん 16　かたちづくり	9　かけ算(1) 10　かけ算(2) 11　1000より大きい数 12　長い長さ 13　たし算とひき算 14　分数 15　はこの形	10　小数 11　重さ 12　分数 13　□を使った式 14　かけ算の筆算 15　二等辺三角形・正三角形・角 16　表とグラフ 17　そろばん 18　３年のまとめ
第4学年■上	**第5学年■上**	**第6学年■上**
1　大きな数 2　折れ線グラフ・資料の整理 3　わり算の筆算 4　角 5　２桁でわるわり算 6　倍の見方 7　垂直・平行と四角形 8　概数	1　整数と小数 2　体積（直方体・立方体） 3　変わり方 4　小数のかけ算 5　小数のわり算 6　合同な図形 7　図形の角 8　整数の性質（偶数・奇数，倍数・約数） 9　分数と小数，整数の関係	1　対称な図形 2　文字と式 3　分数と整数のかけ算・わり算 4　分数と分数のかけ算 5　分数と分数のわり算 6　比とその利用 7　拡大図・縮図 8　円の面積 9　立体の体積
第4学年■下	**第5学年■下**	**第6学年■下**
9　小数，小数のたし算とひき算 10　計算のきまり 11　分数のたし算とひき算 12　変わり方 13　面積 14　小数のかけ算・わり算 15　立方体・直方体	10　分数のたし算とひき算 11　平均 12　単位量当たりの大きさ，速さ 13　面積 14　割合 15　帯グラフと円グラフ 16　正多角形と円 17　角柱と円柱	10　比例と反比例 11　場合の数 12　資料の整理 13　６年のまとめ 14　中学との接続

監修者・著者紹介

[総合企画監修]

田中　博史（たなか　ひろし）

真の授業人を育てる職人教師塾「授業・人」塾主宰。前筑波大学附属小学校副校長，前全国算数授業研究会会長，筑波大学人間学群教育学類非常勤講師，学校図書教科書「小学校算数」監修委員。主な著書に『子どもが変わる接し方』『子どもが変わる授業』『写真と対話全記録で追う！ 田中博史の算数授業実況中継』（東洋館出版社），『子どもに教えるときにほんとうに大切なこと』（キノブックス），『現場の先生がほんとうに困っていることはここにある！』（文溪堂）等がある。

[編著者]

山本　良和（やまもと　よしかず）

筑波大学附属小学校教諭。高知県公立小学校，高知大学教育学部附属小学校を経て，現職。
筑波大学人間学群教育学類非常勤講師，國學院大學栃木短期大学非常勤講師，全国算数授業研究会会長，子どもの心に「こだま」する算数授業研究会顧問，学校図書教科書「小学校算数」執筆・編集委員，隔月刊誌『算数授業研究』編集委員。主な著書に，『すべての子どもを算数好きにする「しかけ」と「しこみ」』『すべての子どもを算数好きにする「数学的な見方・考え方」を働かせる「しかけ」と「しこみ」』（東洋館出版社），『山本良和の算数授業 必ず身につけたい算数指導の基礎・基本55』（明治図書）等がある。

『板書で見る全単元・全時間の授業のすべて　算数　小学校２年上』付録 DVD ビデオについて

・付録 DVD ビデオは，山本良和先生による「単元２　たし算　第11時」の授業動画が収録されています。

【使用上の注意点】
・DVD ビデオは映像と音声を高密度に記録したディスクです。DVD ビデオ対応のプレイヤーで再生してください。
・ご視聴の際は周りを明るくし，画面から離れてご覧ください。
・ディスクを持つときは，再生盤面に触れないようにし，傷や汚れ等を付けないようにしてください。
・使用後は，直射日光が当たる場所等，高温・多湿になる場所を避けて保管してください。

【免責事項】
・この DVD の使用によって生じた損害，障害，被害，その他いかなる事態についても弊社は一切の責任を負いかねます。

【お問い合わせについて】
・この DVD に関するお問い合わせは，次のメールアドレスでのみ受け付けます。 tyk@toyokan.co.jp
・この DVD の破損や紛失に関わるサポートは行っておりません。
・DVD プレイヤーやパソコン等の操作方法については，各製造元にお問い合わせください。

板書で見る全単元・全時間の授業のすべて
算数 小学校２年上
〜令和２年度全面実施学習指導要領対応〜

2020（令和２）年４月１日　初版第１刷発行
2024（令和６）年４月１日　初版第４刷発行

監　　修：田中　博史
著　　者：山本　良和
企画・編集：筑波大学附属小学校算数部
発 行 者：錦織　圭之介
発 行 所：株式会社東洋館出版社
〒101-0054　東京都千代田区神田錦町２丁目９番１号
コンフォール安田ビル２階
代　　表　電話 03-6778-4343　FAX 03-5281-8091
営 業 部　電話 03-6778-7278　FAX 03-5281-8092
振　　替　00180-7-96823
U　R　L　https://www.toyokan.co.jp

印刷・製本：藤原印刷株式会社

装丁デザイン：小口翔平＋岩永香穂（tobufune）
本文デザイン：藤原印刷株式会社
イラスト：すずき匠（株式会社オセロ）
DVD 制作：株式会社 企画集団 創

ISBN978-4-491-03990-9　Printed in Japan